U0856365

文化普洱

江通中外　城纳古今

总策划／卫　星
杨照辉
张善强
白文彬

主　编／赵联涛
王鸿彬

本卷主编／刀艳华
瞿　滨

云南出版集团
云南人民出版社

《文化普洱》丛书编委会

文化普洱·江城

本卷编委会

江城

图书在版编目（CIP）数据

文化普洱．江城 / 刀艳华，瞿滨主编．-- 昆明：云南人民出版社，2016.11
ISBN 978-7-222-13931-2

Ⅰ．①文… Ⅱ．①刀… ②瞿… Ⅲ．①江城县—概况 Ⅳ．① K927.44

中国版本图书馆 CIP 数据核字 (2016) 第 040412 号

创意策划： 云南出版集团公司产业发展部
出 品 人： 胡 平
责任编辑： 姚实名 苏映华
设计总监： 袁亚雄
装帧设计： 雲南非鳥文化傳播有限公司
责任校对： 文艺蓓
责任印制： 洪中丽

文化普洱·江城

主编： 刀艳华 瞿 滨
出版： 云南出版集团 云南人民出版社 // **发行：** 云南人民出版社
社址： 昆明市环城西路 609 号 // **邮编：** 650034
网址： www.ynpph.com.cn // **E-mail：** ynrms@sina.com

开本： 787mm×1092mm 1/16 // **印张：** 16.25 // **字数：** 110 千
版次： 2016 年 11 月第 1 版第 1 次印刷
印刷： 云南出版印刷（集团）有限责任公司 云南新华印刷一厂

书号： ISBN 978-7-222-13931-2 // **定价：** 59 .00 元

如有图书质量与相关问题请与我社联系
审校部电话：0871-64164626 出版部电话：0871-64191534

云南人民出版社公众微信号

总序

关于普洱，可以列举出如下一些文字和数据——它位于云南西南，辖一区九县，面积 4.5 万平方公里。东南与老挝、越南接壤，西南与缅甸毗邻，2015 年末总人口 259.4 万，其中，少数民族人口占总人口的 61%。境内江河纵横、森林茂密……不过，这样的描述也许会让你感到枯燥和记不住普洱的特征，我们还是换一种更为形象的表述方式吧！

普洱是云南省面积最大的一个州市，其辖区面积比台湾省陆地面积还要大。由于它的森林覆盖率高达 68.7% ，所以又被称为地球北回归线上最大的绿洲。另外它的名气也大，这当然要归功于这片土地上盛产的普洱茶，让很多搞不清它的方位的人也在不经意中记住了这个地方。

普洱的东南与越南、老挝接壤，西南则与缅甸毗邻，国境线长达 486 公里。从澜沧江（境外称湄公河）航道出境沿江而下，可直达东南亚五国，所以有“一市连三国，一江通五邻”的说法。历史上普洱一直是中国通往东南亚的重要门户，著名的南方丝绸之路之一。除了澜沧江、红河、南亢河三条水道可直通境外，仅陆上通道就有 17 条之多，所以普洱是我国名副其实的面向南亚、东南亚辐射中心的前沿窗口。

普洱民族众多，世代居住在这里的民族有 14 个，包括哈尼族、彝族、拉祜族、佤族、傣族、布朗族、瑶族等。其中很多民族又有多个支系，有的支系间服饰和语言的差别很大，只有专家才搞得清楚。当然，这样的现实又造成了众多的民族特色文化的繁荣。普洱动植物种类繁多，矿产资源和水能资源丰富，如果说云南是“动物王国”“植物王国”和“矿物王国”，那么普洱就是整个云南的缩影，在探明的矿藏中有金、铜、铅、锡、铁、钾盐，储量位居全省前列，仅一个惠民铁矿的储量就高达21亿吨。水能资源蕴藏量1500万千瓦，这让普洱成为“西电东送”和“云电外送”的重要基地。

上述这几个现实的存在，从文化的角度来看，带来的是普洱丰富的民族文化，以及多元文化在这儿的碰撞和交融，在普洱构成了令人眼花缭乱的多彩和灿烂。

打开“文化普洱”系列丛书，无论是综合卷还是最北面的景东卷，或者“一县连三国”的江城卷，你首先感受到的是在这块土地上无处不在的普洱茶文化。这片绿叶由于得天独厚的优秀品质和独特的风味、独特的功效，以及伴随着它诞生的那些诸如茶马古道等文化，像镇沅卷中记述的那棵古茶王树，历经数千年依然活力四射、葱茏如盖。在整个普洱可记可述的历史中，无论是从原始部落直接过渡到现代文明的民族，还是那些经过“改土归流”演变到今天的群体，都可以看到普洱茶文化的影子在其间闪烁，只是有时是主角，有时是配角，但其内涵的深厚，仍然令人为之感喟不已。

花开花谢，日落日出。在很长的时间里，普洱与外界的联系相对闭塞，但生活在这块土地上的各族群众，却与日月天地为伴，与山水鸟兽为友，在一方水土中演绎出一方风流。多样的民族歌舞，是普洱大地上的一绝，傣族的马鹿舞、象脚鼓舞，佤族的甩发舞，拉祜族的芦笙舞，一亮相就惊艳全场，并通过专业团队和影视作品传遍了世界。《阿佤人民唱新歌》《婚誓》等富有普洱民族元素的歌曲，至今仍在共和国的大地上飘扬。

走进普洱，那绿色的大地，清新的空气，连片的万亩茶园，宜居的生态环境，如今已经得到了公认。在思茅卷中，那些来自山林的鲜活野生菌、带着自然清香的花卉食品，会使你对“生态普洱”有一个直观的概念；在澜沧卷中，抚摸着茶马古道上那些深深的蹄印，听着千年万亩古茶园中的自然箫声，你仿佛看到了边疆与祖国心脏的血肉相连，听到了边疆人民反对外敌入侵的呐喊；走进宁洱卷，带你瞻仰被誉为“新中国民族团结第一碑”的民族团结誓词碑，你会为那些决心在共产党领导下，为新中国努力奋斗的少数民族代表们掷地有声的誓言感到由衷的钦佩；在孟连卷中，八百多年关于孟连土司的记载，会让你感受到边疆社会发展的历史轨迹；在景谷卷里，那些在菩提树绿影中摇曳的傣族佛教文化和众多的仙踪佛迹，会让你的心灵再一次得到净化；在西盟卷中，佤族文化的冲击会像木鼓阵阵，拷问着我们这个现代文明世界的是是非非；在墨江卷里，那个被北回归线一分为二的小县城，则会用娓娓动听的语言，讲述双胞胎节的故事，讲述不同民族间文化相互交融的历史；在江城卷里，登上十层大山，透过中国、越南、老挝的同一块界碑，在鸡鸣三国的黎明中，你会感叹异国其实离我们那么近……

漫漫岁月，风雨沧桑。古往今来，普洱大地上值得点赞的色彩何止上述几笔，甚至也不是这套丛书中的一百多万字就能叙述完毕的。总之，这块土地上丰厚的文化内涵，也催生了普洱人的文化自信。一批批普洱的作家、诗人、画家、书法家和摄影家，以家乡的事物为题，创作出了一件件精美的文艺作品。其中，誉满中外的绝版木刻，更成为普洱文化的一张重彩名片。

为了进一步推动普洱文化的繁荣发展，普洱市委、市政府决定从增强文化软实力着手，编辑一套全面、权威，同时又图文并茂的“文化普洱”系列丛书，将普洱的人文精神完整地展现出来。为了完成这个前所未有的任务，全市九县一区组成了市、县（区）两级撰稿班子，集中了本土文化学者、作家、摄影家反复讨论、精心构思、实地考察，本着突出特色、尊重历史、实事求是、传承文明的原则，历经一年多的辛苦努力，完成了这部生动、鲜活，有独特文化韵味的丛书。

和以往编辑出版的介绍普洱的书籍不同，这套丛书打破了传统的编辑体例，以文化为核心，用散文的手法，完成了对普洱文化魅力的提炼，将普洱文化的价值做了全面的提升。尽管是第一次组织编辑这样的丛书，有经验的欠缺和县（区）间协调的不足，但丛书的编辑出版，是普洱文化发展的一件大事。这套丛书，也必将会成为中华文化海洋中的一朵美丽浪花。

从古到今，文化一直是一个民族的血脉，一直是人民群众的精神家园。因为文化的薪火传承，因为对文化价值的守望，才造就了一个民族的共同文脉。普洱的各族人民，也同样在漫长的岁月中坚守自己的文化家园，不因交通的隔阻而断流，也不因生活的艰辛而放弃，像上天赐予普洱的那片绿色茶叶，最终会让世界认识她醇厚凝重、越陈越香的特殊品质。

“文化普洱”丛书编辑委员会

2015 年 10 月

目录

第一章
在历史长河中瞭望

三江围绕，形成一个在丛林中长出的城池，在长久的封闭的自我延续中，江城远离中原文化的熏陶，犹如一名独守孤城的卫士，“生存还是毁灭”全靠自己一念之间的智慧。在独立坚守中一路走来的江城县，一如其名字，有江水之柔软，亦有城池之坚硬，由此演绎出兼容并蓄的边地性格，并昂然走在时代的风向标前。

典藏江城时光

在历史的长河中，江城因其偏远而不为人所知，因扼守要塞而显其重要。经历漫长的莽荒时代之后，仅有86年建县史的江城，开始逐步跟上现代文明的脚步，并在自我蜕变中尽情舒展边地的无限魅力。

一、仰望星空

对于天地来说，江城是浩瀚宇宙中一粒细小的尘土；对于国家来说，江城是彰显国家威仪的一扇庄严的大门；对于云南来说，江城是彩云之南的一道天然屏障；对于普洱来说，江城是4.5万平方千米中的一片大美风景。

江城，一个充满质感和无限想象空间的名字，有江必然有水，有城必然有人。江之水，柔滑无骨、玲珑剔透；城之人，沉静包容、恬淡闲适。在这令人屏气凝神的氛围中，在这悠远、滑腻的幽思中，就请你抬起充满智慧的眼睛，俯拾起旷远深邃的思想，随着我们思绪的脉络，去对江城的前世今生进行一次绵密的梳理吧。

每个人都会有一个名字，每座城都会有一段成长的历史。在群雄征战的年月，永昌郡是古代中国东汉、蜀汉、晋、宋、齐、梁等王朝的一级行政区，实际管辖范围随着时代不同而有变化，大致涵盖今日云南省西部，缅甸克钦邦东部、掸邦东部的土地，现在的江城县境，在那个时代，就属于永昌郡管辖。到了隋、唐、五代十国，江山易主，现在的江城县境被划入了剑南道濮子部的势力范围。

唐玄宗开元二十六年（738年），蒙舍诏首领皮罗阁建立领土覆盖云南全境的奴隶制政权——南诏国，也就是从这一时期开始，这片蛮荒之地有了一个比较独特的名字——“羌浪川”，也因此，这片土地逐渐走入人们的视线，并划入南诏国七节度之一的银生节度的地盘。宋、辽、金时代，废除节度使之后，改由新设立的威楚府（今楚雄）管辖。

据《明史·云南土司三·钮兀》记载：钮兀（原羌浪川）乃和泥（哈尼族祖先）聚居的地方，其头领任者、陀比等到

早期瑶族民居

京城朝贡，说他们所居之地非常遥远，而且野蛮之人甚多，请授予他们官职以统领那里的人。朝廷经过商议，于明宣德八年（1433年）设钮兀长官司，任者（哈尼族）为长官，陀比（哈尼族）为副长官，钮兀司的管辖范围，比现在的江城县境稍大一些，包括现在的勐烈、国庆、嘉禾、宝藏、曲水西部、康平大部，还包括把边江下游东北岸和李仙江上游北岸的部分地方。

设置钮兀司后，这里开始有了行政区域的概念，这对于一个地方文化、经济、社会的发展，无疑具有划时代的历史意义。

当然，六百多年前的钮兀和一千两百多年前的羌浪川留给后人的史料微乎其微，许多让我们感兴趣的话题都已淹没在历史的尘埃中。但我们可以想象的是，那时的羌浪川、钮兀还没有完整的

江城县城全貌

社会发育形态，整片土地被河流、原始森林和出没的野兽包围，只有数量不详，但人数绝对不会太多的人在这里繁衍生息。早期选择在羌浪川、钮兀定居的是哈尼族先民，定居在河谷地区的是傣族。在生产力极不发达、经济基础极度脆弱、信息流量近乎处于停滞状态的情况下，他们步履维艰，疟疾、野兽的侵袭，随时会夺去他们的生命，封闭、残酷的自然环境，随时会拒绝他们仰望星空的眼睛。他们在一种几乎与世隔绝的氛围中自生自灭，没有多少人知道他们的存在，也没有多少人能倾听他们的呼吸。他们延续生命的方式，就是像野兽一样奔波在崇山峻岭中，像孤魂野鬼般寻找着能通达幸福生活的钥匙。

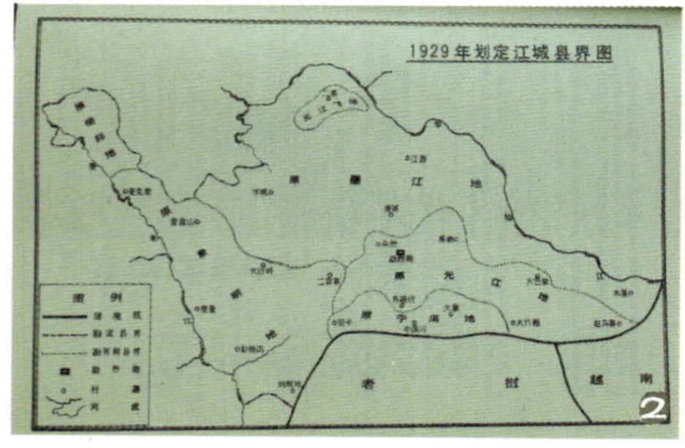

❶ 建于清道光九年（1829 年）的曲水镇坝伞村临安塔碑刻

❷ 江城 1929 年设县时的县界图

二、开疆拓土

明朝末年，已有少量汉族商人到钮兀经商。1644 年 4 月，清军入关之后，大明江山改由八旗子弟掌控，地处偏远的钮兀随后改称勐烈。此时的勐烈，已开始嗅到一股近代文明的气息。到了清朝雍正年间（18 世纪 30 年代），祖籍元江的汉族李、赵、马、张四姓率领整个家族跋山涉水，迁入人迹罕至的勐烈，开始了他们披荆斩棘另筑新巢、披星戴月躬耕陇亩的生活。来到勐烈之后，这四大家族仍服从于元江管辖，所以勐烈自然就成为元江的一块飞地，许多汉人因经商、戍边、逃荒、避难等原因，也从临近的石屏、建水，甚至四川、广东、广西、江苏、浙江等地不断迁入，来自峨山、新平、玉溪、元江、墨江、景东、普洱等地的彝族也不甘落后，陆续迁入勐烈，迁入较晚的是瑶族，距今只有一百多年的时间。

随着人口的不断迁入，荒凉清冷的勐烈成为一个鸡犬之声相闻、多民族杂居共荣的地方。人口的增加，必然要不断扩大耕作范围，提高农副业生产技术，才能满足人口繁衍的需要。乾隆、嘉庆年间，各少数民族散居在腊户河两岸，在柏木山河边丘陵地带还逐渐形成了定期赶集的“老户街”。可以想象的是，在当时这块蒙昧荒芜的地方，一时间出现“天下熙熙皆为利来，天下攘攘皆为利往”的景象。集市的出现，加快了人流、物流、信息流，自给自足的小农经济获得的产品，有了交换、出售的渠道。通过这种商品交易的方式，周边人的生活也在静悄悄地改变着，别人有的，我可以拿东西去换或去买，自己不用再去劳心费神地生产，从而将个体劳力解放出来，去从事其他工作，社会形态也就从这种生产力的解放中不断蜕变、升华、丰满。

勐烈是一个傣语地名，意为河边的坝子。两百多年前，这里到处是遮天蔽日的原始森林，傣族先民就在勐烈、迭甲、二官寨、水城等地过着与世无争、自给自足的生活，但当有一天他们发现，这种平静如水的生活已被不断迁入的外来人口所打破，内心不免有些烦躁不安。虔诚信佛的他们不愿被外人打扰，也不想改变原来的生活方式，经过一番激烈的思想斗争，他们带着满腹的惆怅，最终选择离开自己的衣胞之地，走上了外迁之路，经过长途跋涉，最后定居在现在的老挝勐乌、乌得一带。

江城县彝文本

在勐烈的近代史上，邓炳焜是一个绕不过去的名字。勐烈街人邓炳焜家庭殷实，自幼潜心修炼武艺，练功用的刀重达八十多斤。光绪十年（1884年），他进京赴考，荣获武举人学位，后受朝廷之命，任勐烈地方团总。

1887年夏，曲水土酋陈定邦聚众作乱，在六能（今坝伞）等地杀人抢劫，并欲侵占勐烈。一时间，腥风血雨，寒气逼人，邓炳焜迅速调集地方团兵三百多人，到曲水进剿陈定邦，不料却在卧马村伏击战中以身殉国，后普洱府派参将梁士伟等率队前来增援，最终将陈定邦斩首示众。匪患平息后，勐烈又恢复了昔日的宁静，而邓炳焜执事时的御匾“勐烈兵部差务府”也被作为江城的珍贵文物，在三国文物展馆内静静地释放着历史的遗香。

19世纪末期，即将退出历史舞台的大清王朝，早已失去了初入中原时的风卷残云之势，在病入膏肓之际把大片国土拱手相让，

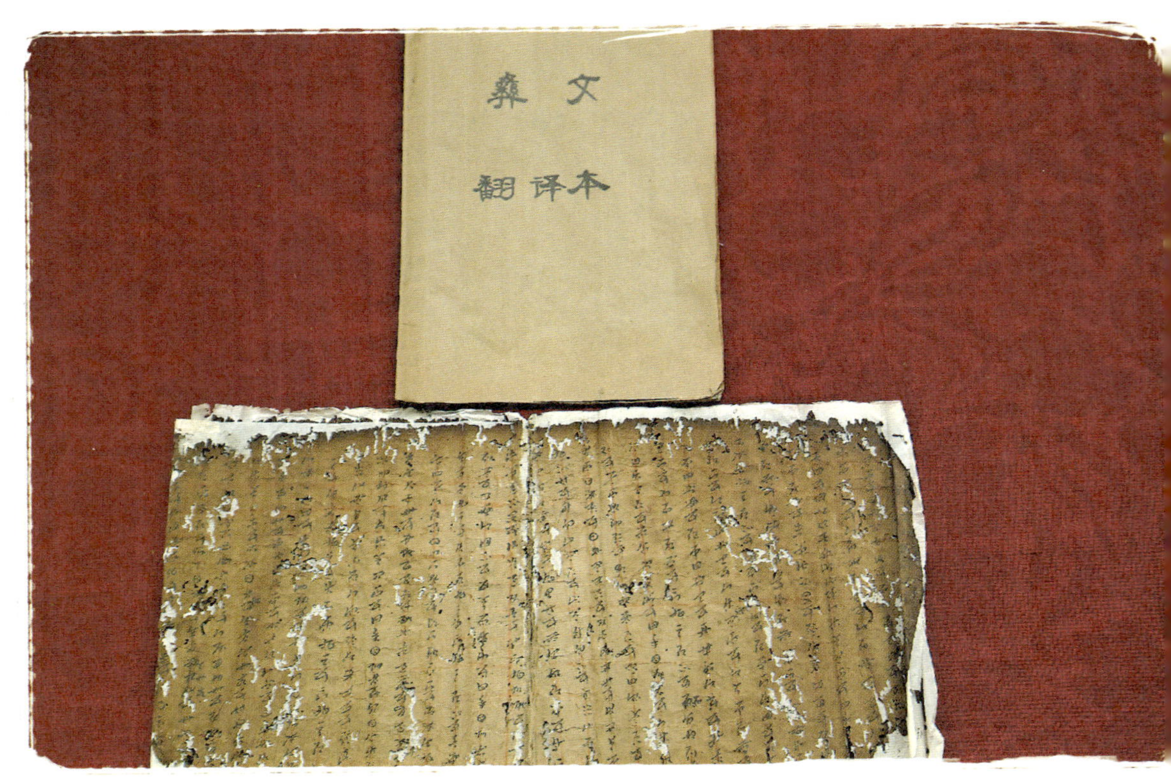

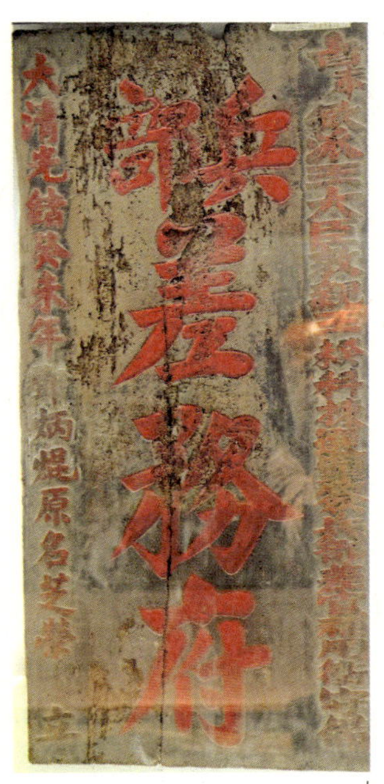

清朝时勐烈武举人邓炳焜执事时的御匾“兵部差务府”

使勐烈南部的一大片纵深地带一下子变成了面向国外的战略前沿。话说中日甲午战争后，法国借口参与干涉日本，使其把辽东半岛归还中国“有功”，趁中法签订界约的机会，强行向清政府索要“报酬”。1895 年 6 月 21 日，由奕劻代表清政府与法国公使施阿兰签订中法界约及商约，条约中规定将云南边境靠勐烈一侧的勐乌、乌德两地和磨别、磨丁、磨杏三个盐井割让给法国，划入法属印度支那（包括今老挝、越南、柬埔寨三国）版图。清政府与法国划定的边界线，就是现在的中老、中越边界。自此，勐烈南部便与法属印度支那相连，变成名副其实的边塞要地。

清代中期，勐烈作为一片飞地，分属元江、他郎（墨江）、宁洱管辖。清光绪二十八年（1902 年）设勐烈弹压委员，作为地方行政官员，军政兼管，主要职责是维持本地区社会治安，但户籍、赋税仍归原属各县管理。此种设置，致使弹压委员左右受制于人，难有大的作为。

勐烈地处云南南部，位置偏远，疾病流行，经济社会一直处于缓慢的发展阶段。直到清朝乾隆、嘉庆年间，大量外来人口迁入之后，这片散发着野草芳香的土地，终于能够谛听到时代前进的脚步发出的声响。

早在春秋战国时期，中国就处于封建社会的起步萌芽阶段，大约在 17 世纪以前，勐烈的很多哈尼族村寨，还属于游耕部落，“牛宗乡归”成为他们对部族进行有效管理的政治手段，自由开垦，“隔年不号地，长草不认人”的生产方式，是他们在那一时期的耕作模式，带有明显的原始社会特征，说明土地私有的封建社会形态还没有出现，当然也就难以出现明显的阶级分化。也就是说，封建社会在黄河流域、长江流域出现了近两千年后，勐烈还在以一种极其简单、落后的生产方式，极其简易的人际交往形式完成着人类的繁衍、原始社会结构的缓慢进化。

① 清道光九年（1829年）立于江城县国庆乡大富寨的乡规民约碑

② 清朝和法国在黄姜岭勘界石碑文

到了17世纪中叶，出于方便征收田粮赋税的需要，清政府利用头人在这里设立了一些乡官、火头，这些人中的一部分向官府购买了文书契约，把自己包收赋税的地域据为己有，这一部分乡官、火头的身份就逐渐变成了封建领主。

一种被固化的社会生存形态，像一潭死水一样凝固了当地前进的步伐。这时候，就急需有人来搅动死水、掀起涟漪。18世纪初叶，内地迁入的大批汉族、彝族陆续来到勐烈后，这些人中的一部分富裕人家在大新、田房、么等、洛捷、和平等河谷区、半山区向乡官、火头购买烂坝、山场，雇工开田，种植茶叶。在这些人的带动下，勐烈的经济发展形态、生产生活方式发生了质的变化，通过固定耕地，发展水稻和经济作物，明显提高了生产力，雇工、租佃、借贷等一些新的经济运行方式，使封建领主经济逐步让位于封建地主经济。与内地相比，虽然这一生产方式出现得很晚，但它还是缓慢地撬动了勐烈经济社会发展的车轮。

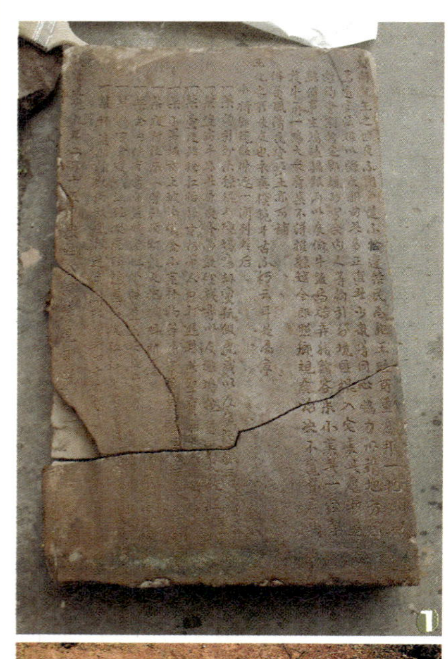

三、民国岁月

1911年，结束两千多年的封建帝制，开启民主共和新纪元的辛亥革命，让统治中华大地长达267年的清王朝土崩瓦解，中华民国匆匆走上了历史舞台。

当时的中国处于多事之秋，军阀割据，你争我夺，战祸连连，百姓生灵涂炭。勐烈边地因地处偏远而稍显宁静。此时，勐烈与邻国的边地格

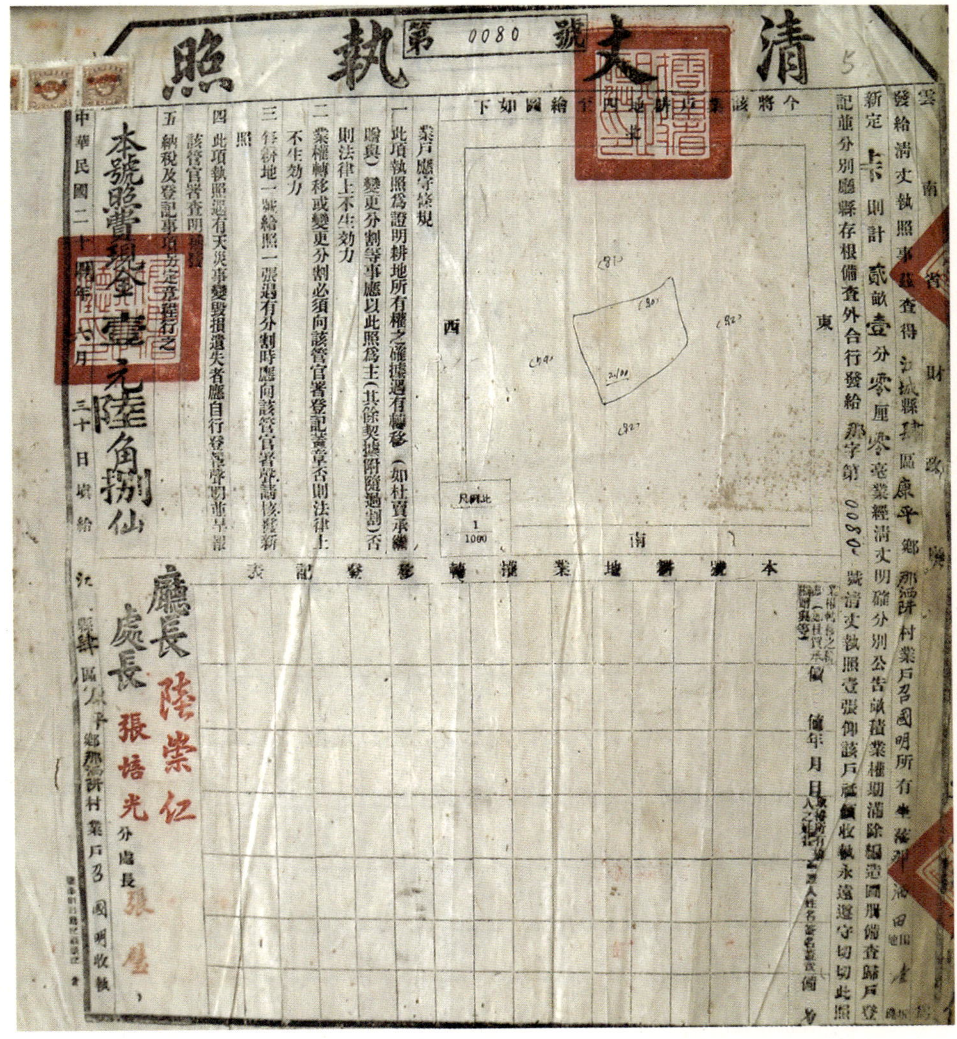

民国时的清丈执照（土地证）

局已基本形成，即东南方向与越南接壤，西南方向与老挝为邻，但勐烈却是分属元江、墨江、宁洱的插花地，与其重要的战略地位不相匹配，管理起来问题重重。整合各方行政资源，建立强有力的行政机构，已成为迫在眉睫的问题。一些有识之士为此多方奔走，拟在勐烈设立县治，对这一地区实行有效的管理。

1915 年，云南军属参谋长庾恩旸巡视思普区后，在给云南都督唐继尧的条陈中说："勐烈南面沿边皆与法属之勐乌、乌德、勐莱连界……应宜改设县治，从事兴学育才，预防将来之纠葛。"

早期的哈尼族服饰

1927年8月，普洱道尹徐为光向省政府提出，将普思沿边8个行政区改为7县1殖边局，连续上报未见批复。1929年3月，徐为光调任省民政厅长后继续奔走呼吁，他在给省政府主席龙云的呈文中写道："当兹边务吃紧，勐烈与车里（景洪）等县，同为普防门户，英法侵略未已，该处适当其冲，我政府既正式改设县治，呈报中央后是已有一定之疆土，一定之主权，名正言顺，外人即不易行其侵略之计……"

一系列不懈的努力，终于使官府有了正面回应。1929年9月13日，云南省政府第110次省务会议批准江城（原勐烈）成立县治。勐烈四周被李仙江、勐野江、曼老江三条水系环绕，形成一个天然城池，故名江城。民国十八年（1929年）12月17日，江城县正式宣告成立，并启用具有权力象征意义的县印，勐烈末届行政委员高立全升任第一任县长。

设立县治后，因原来的勐烈被切割成几块飞地，涉及与元江、墨江、宁洱、镇越的土地划分，利益面前各方互不相让，几次划界谈判下来，与元江、宁洱、镇越的县界基本敲定，但与墨江分歧较大。民国二十一年（1932年），省民政厅派磨黑盐商张孟希到江城解决江、墨的县界问题，最终按照以江为界的原则，把县境四周确定下来，并划分为4区14乡（镇），至此，江城县首次作为一个完整的行政区域呈现在世人面前。

在民国期间的20年中，百业待兴的江城县共经历了九任县长，他们当中，最被人念念不忘的是第二任县长李文新。1930年，出生于永善县的墨江保卫营营长李文新被委任为江城县长，只是初识文字的他秉性刚毅、办事果断，到任后兴百业、辟财源；建设民团，集训兵丁；清除匪患，整肃治安；修筑驿道，发展交通；兴建楼阁，

修葺庙宇；兴办教育，开发文化；屯粮防荒，赈济灾民；护林防洪，疏浚河道；提倡种茶，发展贸易。而在他的众多功绩中，有一条很是显眼。当年，江城的众多妇女缠足问题比较严重，“三寸金莲”对她们的身心健康造成极大危害，李文新严令放足、禁止缠足。此后，江城少女无一缠足，缠者也把密密麻麻裹着的布条逐一褪去。也许，他解放的仅仅是妇女的两只脚，但对于一个急需劳力的家庭，一个想游走四方的女性来说，其意义不言而喻，而更深层次的意义还在于，女性思想的解放推动着社会向更加文明、人性的方向前进。

文化是开启人类蒙昧心智的钥匙，瘴气、群山、偏远等因素挡住了内地文化向江城渗透的频度。直到清光绪年间，元江人杨泽、石屏人郑之廷等人到勐烈街开办私塾，这里才

延续江城历史的勐烈老街

云南省主席龙云赐赠勐烈地方正团总朱自明的牌匾“保卫桑梓”

开始呈现出一丝文化的气息。

虽然你有一双睿智的双眼可以左顾右盼，但如果缺少文化的滋润，这双眼睛注定是空洞的、没有张力的。宣统元年（1909 年），倡导新学成为地方官绅的一种执政理念，他们从宁洱聘来 3 名教师，在勐烈街设立小学 1 所，有初级小学 2 个班 60 名学生，高级小学 1 个班 25 名学生，从而开创了地方正规办学的先河。

民国三年（1914 年），在迭甲、坝奇各增添初级小学一个班，并采用“民国教科书”。设立江城县后，在部分区、镇开办了中心小学。民国二十五年（1936 年），省教育厅派人到勐烈街开办了一所省立小学，是当时江城唯一的一所完全小学。到了民国二十六年（1937 年），全县已有小学 15 所，教职员工 24 人，初小、高小学生共 717 名。这些人学成后，逐渐成为推动江城各行业发展的中坚力量。

文学艺术的魅力，在于能够穿越语言的隔阂，风俗的差异，成为共同愉悦人们心灵的一种表现形式。1931 年春，江城居民在 3 个月的时间里，美美满满地享受了一顿从未有过的文化大餐：他们从内地请来的一个以张晓燕为首的 30 人的滇戏班子，在勐烈街演出了《目连救母》《说岳》等剧目，让江城人第一次领略了戏剧的魅力。在此影响下，次年，勐烈街的十多名青年知识分子组织了一个业余演唱团体，演出过《孔雀东南飞》《不识字之苦》《迷信害人》《缠足》等一批具有鲜明时代特征、批判社会陈规陋习的节目。通过这些活动的开展，江城，这片始终透着鲁莽之气的地方，开始显现出文化引导生活的力量。

四、走向新生

时光荏苒，岁月如梭，当星星之火已成燎原之势，国民党黯然逃离大陆据守台湾后，中国共产党即将为这块饱经沧桑的土地带来新气象。

1948 年 12 月 26 日，由李衣人任支队长，荀彬任政委的“云南人民自卫军江越支队”在镇越（今勐腊县）县城易武镇成立。这是一支由地下党和统战人士协商决定成立的队伍，在当时特殊的环境下发挥了重要的作用，为江城、镇越的解放事业做出了重大贡献。

1949 年 1 月 26 日，国民党云南省政府任命的县长张友仁率领一百多名武装人员到江城就任。到江城后，他们开设赌场、派款逼款，搞得民不聊生。2 月 23 日，江越支队、云南人民讨蒋自卫军挺进江城的消息让张友仁如坐针毡。当天晚上，这位国民党的最后一任江城县长匆匆逃离江城，在位仅仅 28 天。

1949 年 2 月 27 日，云南人民讨蒋自卫军第四支队、第七支队、江越支队共三支反蒋武装力量在江城会师，江城人民在中国共产党的领导下得到了彻底解放。3 月 15 日，解放小学校长张志钧被地下党发展成为江城县的第一名中共党员。

江城县临时人民政府县长荀彬

3 月 12 日，云南人民讨蒋自卫军第四、第七支队撤离江城，开赴墨江龙潭街继续进行反分裂斗争。江越支队长李衣人会同地方士绅，召开筹建新政权机构会议，于 4 月 1 日决定成立江城县临时联合政府，取代原来的临时军政委员会，由李衣人任县长，朱辉文、杨嘉权任副县长。11 月 1 日，经思普行政委员会批准，江城县临时人民政府宣告成立，任命荀彬为县长。次日，朱辉文代表原临时联合政府向临时人民政府移交政权。1950 年 4 月，江城县临时人民政府改称江城县人民政府。自此，江城县长期混乱的局面得到根本扭转，各项工作开始走上正轨。

在少数民族聚居的地方，民族工作无小事，一个新生政权要得到巩固，就必须厘清各种错综复杂的民族关系。早在一千多年前，江城的土著居民——哈尼族便在这片土地上繁衍生息。长期以来，由于地域、语言、服饰、生活习惯等方面的差异，这个民族分成了若干支系和众多称谓，给民族识别工作带来了诸多问题。1954 年 3 月 5 日至 11 日，江城县召开民族区域自治筹备委员会第三次会议，会议进行了民族识别和归类，确定了民族称谓，决定了主体民族和自治县的名称。当时全县共有 37 个族称、31973 人，进行民族识别后归类为 10 个民族。根据哈尼族、彝族占总人口 65% 的实际情况，会议决定建立以哈尼族、彝族为基础的江城县哈尼族彝族自治区人民政府。5 月 11 日至 18 日，江城县哈尼族彝族自治区首届各族各界人民代表会议在县城勐烈召开。会议通过了一系列重要文件，并庄严宣告：江城县哈尼族彝族自治区人民政府于 1954 年 5 月 18 日正式成立。

中法 2 号界碑

从南诏国时代的羌浪川，到明朝时期的钮兀司，接下来是清王朝的勐烈，然后是从民国至今的江城，名字的变迁，让“江城”这两个字既有一种历史的厚重、沧桑感，也有一种与时俱进的时尚感。也许，正是依赖于历史的积淀和不断搏击的自我蜕变的冲力，江城县才一次又一次在转折关口完成了华丽转身，不断迎接新的朝阳。

印在茶道上的辉煌

历史上，江城县曾开辟了一条沿李仙江水运至越南，再海运至香港、澳门、南洋及日本、新加坡、英国、法国等国家和地区的“水上国际茶叶之路”，演绎了一段边陲小镇把茶叶贸易推向海上茶叶之路的恢宏历史。

翻开普洱茶厚重的历史，江城茶叶有着浓墨重彩的篇章，江城特有的帕卡茶和久负盛名的茶庄商号便是其中炫耀夺目的一页。

云南茶叶对外贸易已有两百多年历史，而江城是其重要的茶叶出口通道之一。据清乾隆《东华录》记载，1763 年云南就有茶叶出口贸易，主要由勐海入缅甸、泰国销售，或由镇越（易武）、江城循李仙江运至越南，又转香港销往南洋及世界各地。

一、壁垒边关

历史上，思茅曾是我国最早开展对外贸易和设立海关的城市之一。1821 年，为加强茶叶赋税的征收管理，清政府在

❶ 喝茶的彝族老人

❷ 茶艺展示

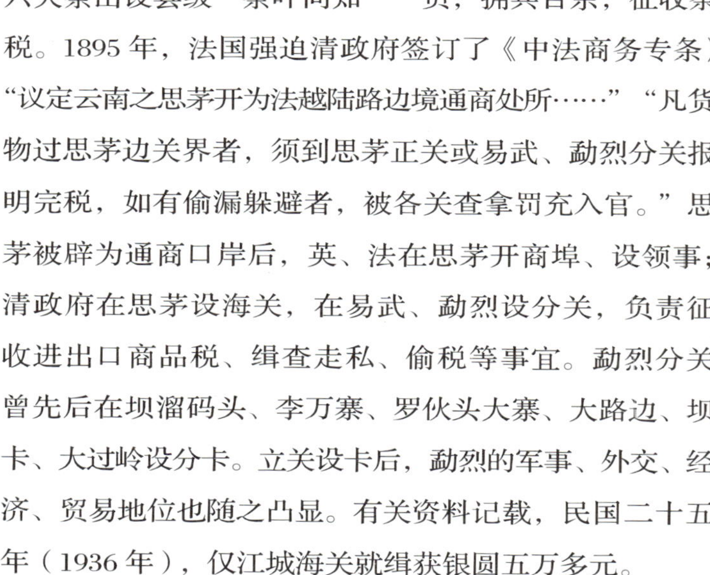

六大茶山设县级“茶叶同知”一员，拥兵百余，征收茶税。1895 年，法国强迫清政府签订了《中法商务专条》“议定云南之思茅开为法越陆路边境通商处所……”“凡货物过思茅边关界者，须到思茅正关或易武、勐烈分关报明完税，如有偷漏躲避者，被各关查拿罚充入官。”思茅被辟为通商口岸后，英、法在思茅开商埠、设领事；清政府在思茅设海关，在易武、勐烈设分关，负责征收进出口商品税、缉查走私、偷税等事宜。勐烈分关曾先后在坝溜码头、李万寨、罗伙头大寨、大路边、坝卡、大过岭设分卡。立关设卡后，勐烈的军事、外交、经济、贸易地位也随之凸显。有关资料记载，民国二十五年（1936 年），仅江城海关就缉获银圆五万多元。

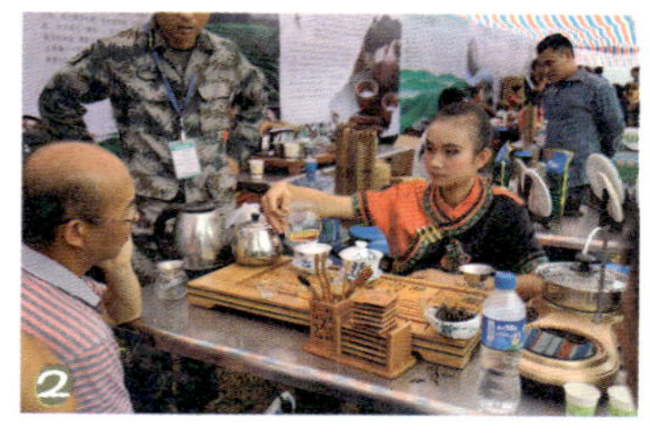

二、风生水起

19 世纪是世界茶叶贸易发展有着传奇色彩的时代，茶叶贸易丰厚的利润，吸引了世界各地商家、冒险家的眼球，大小茶商狼奔豕突、群峰竞起，小小的茶杯里融入了大海的波澜壮阔，也暗藏着金钱、交易、冒险和战争的弥漫硝烟。

自从 1606 年荷兰人最早把茶叶这种被称为“仙草”的奇妙商品从中国带到了欧洲以后，仅用了两百多年的时间，喝茶之风便风靡世界。1662 年，葡萄牙公主凯瑟琳嫁给英王查理二世，并将饮茶时尚带到了英国。到 19 世纪，英国人用于购买茶叶的费用已经占到了每年家庭收入的十分之一，英国不产茶，却成了世界上人均喝茶最多的国家。大航海的浪潮激起了欧洲人对东方文明和财富的倾慕与贪婪，为了满足购买茶叶的需要，英国向中国大量输入鸦片以换取茶叶，而清廷则严令禁烟，1840 年终于爆发了鸦片战争。

正如法国史学家布罗代尔所说：“任何文明都需要奢侈的食品和一系列带刺激的‘兴奋剂’。”茶叶既是英国工业革命的催化剂，又是带给英国人健康、财富、文明和强大并为之魂牵梦绕的“兴奋剂”。茶叶在英国的作用如同蒸汽机一样重要，在某些方面，甚至已远远超出了蒸汽机所能发挥的作用，茶叶帮助英国人度过了危机并创造了一个崭新的世界。

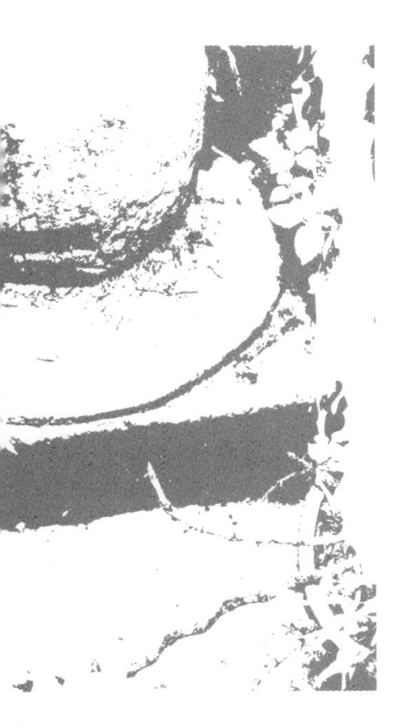

正当英国人沉迷于用午后茶消耗时光、让时间为茶停留的时候，在遥远东方一个祖祖辈辈以茶为业、衣食仰给茶山的边陲小镇也因茶业的发展而悄然兴起。

勐烈，一个在世界地图上很难找到的地名，却因茶叶贸易的交往，实现了茶叶运输从陆路茶马古道向内河航运，再到海洋航运的“三级跳远式”的交替延伸，演绎了一段偏僻小镇从内陆走向海洋、走向世界，把茶叶贸易推向海上茶叶之路的恢宏历史，开创了把茶叶运销链条拓展到欧洲乃至世

敬昌茶庄号内票

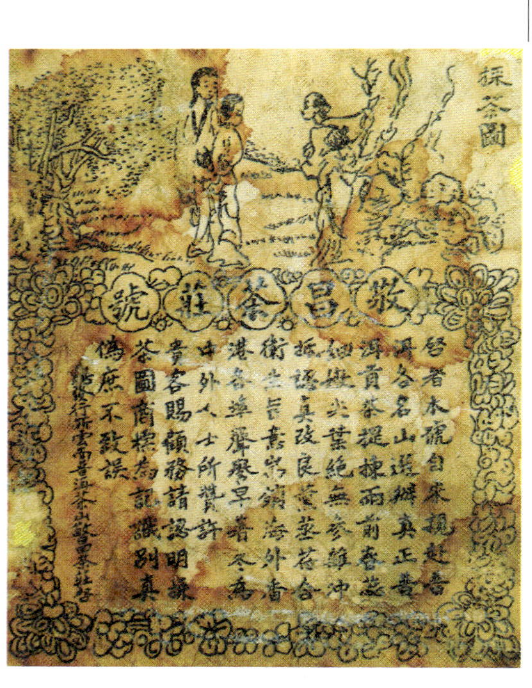

界各地的壮举。

江城以江为池、依山为城，种茶、制茶、饮茶、易茶历史悠久，是普洱茶的原产地、集散地和重要加工出口地之一。勐烈位于中、老、越三国交界，地处边防要冲，是东西茶马大道（普洱—思茅—勐烈—坝溜码头—越南莱州）和南北茶马大道（红河—元阳—绿春—勐烈—曼洒—易武—勐腊—老挝）的襟喉之地。历史上曾经是茶马古道的一个重要驿站，多条茶马古道在这里交汇、中转，元江、通海、迤萨、石屏、元阳、绿春、墨江、后路（景东、巍山、大理）、康藏等烟帮、马帮、牛帮集结，商贾云集，马店客栈、制茶作坊、茶庄商号鳞次栉比，在长度不到一千米的勐烈老街上，曾先后开办以生产、加工、营运、购销茶叶为主的敬昌号、胜利号、江城号、福泰隆、群记茶庄、四合公茶庄等茶庄、商号二十多家。

勐烈毗邻古六大茶山，与易武茶山相隔仅 5 个马站，约 350 华里，距老挝勐乌仅 2 个马站，约 120 华里。而从勐烈到越南莱州的陆路只 2 个马站（约 120 华里）便与李仙江水路相连接，李仙江水路直通越南莱州省会，水路约两百华里， 5 至 7 天行程即可到达莱州。

普洱—江城勐烈—坝溜码头—土卡河—莱州—河内—海防—海南岛—香港—新加坡—马赛，开启的是一条多么富有诗

意的航程！

得天独厚的地理位置优势，特定的历史条件，注定了勐烈成为茶马重镇的必然，并赋予了它必将承载茶、盐等出口物资重要集散地的使命。凭借其茶叶品质好、是普洱茶的原料产区、距出海口近、水运成本低等优越条件，以茶马古道为依托，陆路、水路并驾齐驱，历史上曾开辟了一条从江城勐烈到坝溜码头，沿李仙江水运至越南莱州、河内，然后经海防港再海运至香港、澳门、南洋及日本、新加坡、英国、法国等国家和地区的“水上国际茶叶之路”。

大航海时代的浪潮自欧洲远道而来，从太平洋沿李仙江逆流而上，滋润了江城这片土地，也给李仙江的航运业带来了前所未有的生机。一条新的茶叶贸易路线打开了东西方之间经济、文化交流的通道，从而开启了江城从李仙江水路打开门户，使茶叶漂洋过海、茶叶经济贸易兴盛繁荣的辉煌时代。

对外茶业经济贸易的兴起，渡口捐成了当时江城地方收入的主要来源之一，江城沿边三江流域的竜笆渡口、船口、勐野渡、龙马渡、李仙渡、戈兰滩、坝溜码头、土卡河直至

敬昌号压茶石模

越南莱州码头、海防港等一批渡口、码头、港口也随之兴盛。这些渡口、码头、港口聚合的网状航运支脉，变成了连接西方茶客的纽带，汇集成水上国际茶叶之路航船上的一道道风帆，加速了普洱茶运往欧洲及世界各地的进程，一批批普洱茶沿着李仙江黄金水道、沿着水上国际茶叶之路，搭载大航海的商船，踏上了走向欧洲、走向世界的航程。

交通便捷的现代人，很难体会茶叶的珍贵、盐巴的稀缺、摆渡的艰险。要将茶叶、盐巴经过多次中转，从陆路、水路茶马古道长途贩运，一路上可以说是艰难险阻。虽然马帮、牛帮里配备有刀、枪、弩、箭、铓、锣、铃铛、草果、回堂药之类用于防范强盗，威吓、驱逐虎豹的器具和药物，但要在莽莽苍苍的热带、亚热带丛林中穿行，却是险象丛生、危机四伏，走向通往黄金、白银召唤的金钱之路，可以说是一场以生命为代价的赌博。牛帮、马

帮驮运的物资往往让土匪强盗觊觎不已，从而招来灭顶之灾。那些饥肠辘辘的豺狼虎豹说不定早已虎视眈眈地等候在路边，期盼着牛帮、马帮的到来。有时，一夜之间厄运便会降临，伙头、锅头、牛夫、马夫都会变成强盗、土匪刀枪下的孤魂野鬼；牛、驴、骡、马，甚至连人也会在刹那间变成虎豹的美餐。水运中，从坝溜码头到越南莱州要经过大滩、锅滩等八个险滩、九个湍流急弯，掌舵人稍有不慎就可能船翻人亡，船夫、茶叶、盐巴都会变成献给龙王的祭品。

方便的陆路门户，快捷的水路渡口、码头，在以人力、牛帮、马帮为主要运输工具的时代显得尤其重要。

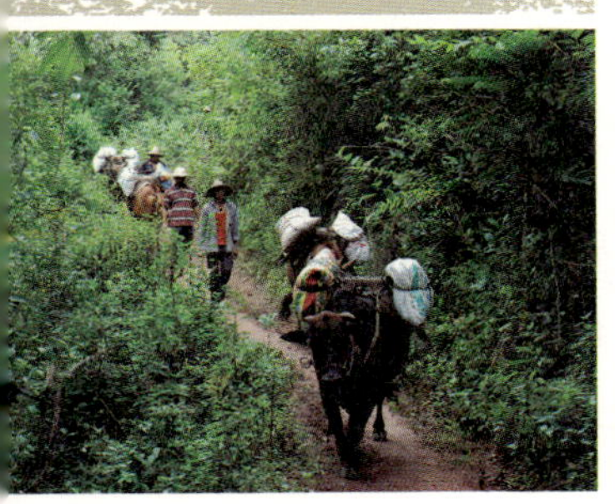

马 帮

19 世纪中叶，英、法殖民者便侵入东南亚，意欲控制云南，变云南为其殖民地。1885 年，法国通过中法战争，与清政府缔结《中法会订越南条约》，取得了对越南的“保护权”及在我国西南诸省通商和修筑铁路权；1895 年，法国借口在“三国干涉（日本）还辽”中有功，强迫清政府签订了《中法续议界务商务专条》，取得将越南铁路修到中国境内的修筑权；1903 年，中法签订《中法会订滇越铁路章程》，法国垂涎云南丰富的矿产资源，随即派人对他们称为“东方阿尔卑斯”的滇越铁路线进行了为期近七年的勘测，1909 年滇越铁路通车至碧色寨，1910 年全线通车。第一台“蒸汽机”发明者——古希腊数学家希罗做梦也没有想到，当初他发明的一个汽转球玩具，竟然踏上了飞向东方的征程，变成了侵略者蹂躏东方文明、掠夺财富的工具。

滇越铁路开通后，为普洱茶运输又打开了一条新的通道。原始的运输工具牛帮、马帮与瓦特改良的蒸汽机交替赛跑，刺激和带动了普洱茶产业的进一步发展，以江城勐烈为集散中心的茶叶贸易交往迅速发展起来。

三、曾经的辉煌

清光绪年间，各地茶商纷纷介入普洱茶出口业务。制茶工艺与同庆号茶庄不相上下的敬昌号茶庄，就曾以茶品畅销海外而令人瞩目。在当今市场上，敬昌号之茶和同庆号之茶被当成了普洱茶的品质标杆，能与之比肩者几乎没有。令人遗憾的是，这两种茶品在当今茶叶流通领域内都罕见身影，可遇而不可求。

敬昌号茶庄是江城茶庄商号中最具实力的一家茶庄商号，起初只经营茶叶，办有茶厂，压制圆茶，并兼营杂货及货币汇兑业务。后来经营扩大到紫胶、蓝靛、名贵药材、毛皮、象牙、鹿茸、布匹、食盐、日用百货等。李发相经营期间，是敬昌号独占鳌头、垄断江城经济命脉、发展最为鼎盛的黄金时期。民国期间，江城的金融活动由敬昌号把持和控制，并形成了一张庞大的金融通汇垄断网。公、私款项的汇兑，均由敬昌号办理，通汇地方有墨江、昆明、缅甸、泰国等地，凡有敬昌号分号（或分支机构）的地方都可实现金融汇兑业务，在那个以硬货币为主要流通方式的时代，方便、安全、快捷的汇兑业务备受商旅者的青睐。

敬昌茶庄号内票印制精美，以姑娘采茶图做商标图案，三个采茶少女，两棵乔木古茶树，寥寥几笔，勾勒出了清代茶山的古老气象，令当今热爱外包装的茶商也为之汗颜。“启者本号自来亲赴普洱各名山，选办真正普洱贡茶，提拣雨前春蕊细嫩尖叶，绝无掺杂冲抵，认真改良熏蒸符合卫生旨意，常销海外香港各埠，声誉早著，久为中外人士所赞许。贵客赐顾务请认明采茶图商标为记，识别真伪庶不致误。总发行所云南普洱茶山敬昌号茶庄启。”“敬昌字号，精工揉造，普洱正山贡茶，诸君赐顾，请认内飞为记。”言简意赅的内票、内飞文字说明，体现的是敬昌号用心做茶、诚信做茶、尽善尽美、精益求精、人品如茶品的理念。

敬昌号茶庄，取最优质的茶菁，以制七子饼茶为主，然后雇牛帮、马帮驮往坝溜码头，装船沿李仙江进入越南，再海运香港、澳

门、南洋等地转销世界各地。曾有人这样高度评价敬昌号圆茶："敬昌圆茶之所以价值连城，可遇而不可求，究其原因，除品质优异外，其制工和包装也令人迷醉。敬昌圆茶，压制技术一流，饼体丰满而富有韵致，饼沿不求厚薄一致，但带有强烈的节奏感，手触之养手，目测之美目。其外形，茶菁凸凹，叶叶清晰排列，优美之致，天下普茶，无一能与其较量形式之美。""敬昌号圆茶""江城圆茶""江城铁饼"被誉为江城茶叶"三宝"而蜚声海内外。敬昌茶号、福泰隆茶庄、永茂昌茶庄、群记茶庄曾在莱州、河内、左波、西贡、香港、广州等地设有分售处，至今在香港、澳门、台湾等地，仍留存有敬昌茶号的少量茶品和商标文字。2008 年 12 月，大票敬昌号圆茶（一筒）嘉德第四季第十五及第十六期拍卖会估价 112 至 150 万元，成交价 109.76 万元；2009 年 12 月，嘉德拍卖底价拍出了一张敬昌号大票内飞高达 14 万元、一张

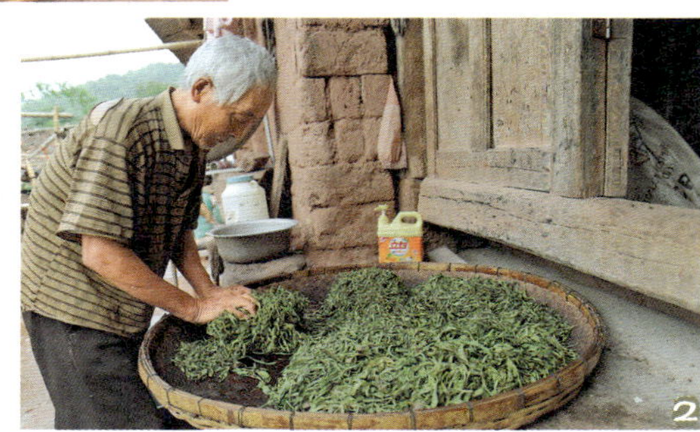

❶ 民间晒青茶

❷ 民间揉茶工艺

小票内飞 8 万元的天价。

民国初年，江城本地商人收购毛茶，用木模加工为方茶，驮运八十多里至坝溜码头，水运到越南莱州、河内、海防销售，然后又购回工业品和日杂用品，如：煤油、马灯、汽灯、洋柴、洋伞、洋毯、洋碗、洋盆、手电筒、留声机、西洋镜等洋货出售，这些在当时比较昂贵、稀罕的舶来品均靠茶商进行外贸交易而流入，同时也带来了一些先进的生产工艺和先进文化，促进了地方民族经济的发展。当时，每百斤茶叶收购价为银圆 15 元、运杂费 6 元，销售价用越币折合银圆 35 元，贩运 100 斤茶叶可获利 14 元。而盐巴在莱州市场上则卖到每斤 1 法币，可兑换 4 块银圆。

李仙江，一条流淌在热带雨林中的黄金河流，流淌出去的茶叶变成了黄金，流淌出去的盐巴变成了白银。

高额的销售利润，刺激了茶叶生产的发展，江城茶园面积迅速扩大、产量不断增长，勐烈街商人纷纷以经营茶叶为业。民国十二年（1923 年），江城茶叶出口已达一千多担，这时易武茶山的茶叶也途经江城大量出口越南，易武茶叶包装为圆茶，为了与易武茶叶竞争，江城的方茶也改为圆茶，每四斤半茶叶压成一筒，用笋叶包装，12 筒为一篮，两篮为一担。改装后每百斤茶叶的收购、加工、包装、运费、税金等全部成本合银圆 35 元，在越南勐莱售价折合银圆可达 45 元，每百斤茶赚银圆 10 元，利润仍然丰厚。江城茶叶产量、出口量逐年上升，坝溜码头成了转运茶叶、盐巴等出口物资的重要商业码头。

民国十二年（1923 年）到十八年（1929 年），江城茶业贸易兴旺，江城茶马古道驿站马帮络绎不绝，勐烈街头茶商云集，坝溜码头商旅争渡、百舟竞发，繁华一时，出现了一派繁忙景象，李仙江成了普洱茶出口的黄金水道。20 世纪初，大量普洱茶的驮来运往、吞吐装卸中，江城茶马古道、坝溜码头、李仙江水上国际茶叶之路发挥了重要作用，水路、陆路共运，承载着云南茶叶走向世界。

帕卡茶的制作和包装

香港、澳门是普洱茶外销南洋和转口欧洲的一个重要中转站，为普洱茶的承传、销售、饮用和普洱茶文化的传播起到了推波助澜的作用。清雍正至道光年间，传统普洱圆茶大量销往南洋，便是经香港这一中转站转销出去的。

香港的“金山楼”“龙门茶楼”等茶楼，素以几代人都经营普洱茶而闻名，多年前这些楼主店面歇业，前往美国另辟商途。1996 年，这些茶楼主人重返香港，开仓处理家产时，仓中存有同庆号、敬昌号、江城号、红印、绿印甲乙等上好普洱茶，并倾力销往台湾，为台湾普洱茶爱好者和收藏家打开了一道天堂之门。从此，晦藏于深宫的普洱老字号名茶又勾起了茗道行家的魂魄，引起世人的青睐和关注而重放异彩。目前散落在各地的现存号级茶，基本上是从李仙江这条水路转运出去的。

民国二十年（1931年）以后，印度、日本茶叶在越南市场逐渐增多，售价下跌，加之江城商人在资本、规模、组织、包装、运输等多方面都无力与印度、日本商人竞争，江城茶叶出口急剧下降。

民国二十五年（1936年），法国殖民者当局禁止中国茶叶在勐莱市场销售，经勐莱、海防转运香港的茶叶，必须用麻袋包装、铁丝缝合，每百斤茶叶还征收过境税5元，稍有不合规定，随时禁运，并处以罚金。江城商人经营茶叶获利甚微，茶叶出口锐减，县内茶叶市场趋于萧条。

20世纪40年代以前，每到放茶季节，茶马古道上牛帮、马帮穿梭于途，勐烈街上市廛云集、茶业兴旺，茶庄商号林立，南来北往的茶商、马帮、牛帮汇集勐烈街头。勐烈街上人欢马叫，驮茶的马驮摆满了街面，江城茶叶贸易出现一派繁荣兴旺的景象。江城茶叶出口销售最高时曾达每年3000担，为江城茶叶在国际市场上赢得了一席之地，漂洋过海的江城茶叶，成了各地茶商、茶客茶余饭后的谈资。

1941年以后，日军占领印度支那半岛，日本侵略者的战火硝烟弥漫到江城，边境沿线风尘之警、龃龉不绝。日本飞机经常沿李仙江而上，进行军事侦察和空袭威胁，江城民众人心惶惶。江城由大后方变成了前方，战事频繁，江城与越南、老挝贸易线断绝。从此，江城在国际上出口的大宗贸易产品茶叶失去了销路，茶园逐渐荒芜，“茶叶价格一落千丈，不少弃之于地，殊为可惜。”抗日吃紧，各种商品奇缺，米珠薪桂，到1944年，江城街上连一般的日常生活用品都很难买到。

1946至1949年期间，江城剩下的茶庄商号只有敬昌茶号、四合公茶庄、群记茶庄等七八家，马店近十家。茶叶贸易断绝，卡住了当时江城经济发展的命脉，茶庄商号渐次停办歇业后，经营商品也被国民党海外工作部越、泰、寮侨民运动办事处一个广东人开办的商号“广丰园”所代替。

四、远去的召唤

"下孟莱，下孟莱，洋碗洋盆街上卖！""下孟莱，下孟莱，水货洋货街上卖！""快来换，快来买！"伫立勐烈街头，恍惚给人一种时光倒流的感觉，叫卖的吆喝声仿佛依稀可辨、此起彼伏、隐隐约约……

穿过百年时光，方显旧日华彩，勐烈老街因茶而兴、因茶而衰。清官亭、关帝庙、过街楼、新华门、江城海关、镇江楼、敬昌号、福泰隆、广丰园、墨江会馆、石屏会馆、西蜀会馆、兵部差务府等茶庄商号、朱门豪宅早已荡然无存，

昔日的茶庄商号

兴旺的上花店、下花店棉花交易市场也随花湮灭。残垣断壁之间，一幢幢洋楼如雨后春笋般拔地而起，现代人在古镇历史的轨迹上，嵌入了一颗颗五颜六色的方钉，在现代文明面前古镇不免显得有些苍白无力，历史在这里拐了一个弯后，又扬尘远去，并慢慢变得越来越模糊。

寻着马帮的足迹，沿着江莱茶马古道，从勐烈街、山神庙丫口、阿卡洛垛、嘎勒、拉马冲木城梁子、大歇场、厄尼梁子、羊山寨、拉珠、八十六家、坝溜码头、土卡河、李仙江沿江而下，一条陆路、水路连贯相通的茶马古道，蜿蜒盘旋在热带雨林之中。

坝溜码头，大航海时代的余波似乎还在拍打着这里的岸堤，茶的余香也似乎还没散尽，闷热潮湿的空气里夹杂着牛、驴、骡、马的汗味，还有麻将声，抓阄、摇宝的喝彩声……平缓宽敞，便于船只避风靠岸、停泊抛锚、吞吐装卸的坝溜码头，昔日的繁盛景象和辉煌已被湮没在历史的浪潮之中。也许，只有渡口边那棵叶稀柢露、枝秃心空，经历过无数惊涛骇浪、拴系过无数缆绳、迎送过无数商贾游客、见证了坝溜码头兴旺与繁华的古榕树才能说清楚哪里是客栈、哪里是赌场、哪里是酒馆、哪里是茶坊……

在品读历史之余，信手煮一壶古色古香的江城帕卡茶，让匆匆的时光放慢脚步，让帕卡茶的唐时遗风、宋时韵味在血脉间恣意流淌。

“香茗一杯神已荡，醉人犹有异乡客。”江城的茶庄商号及其茶品曾经誉振海外、香飘万里，江城茶叶以其精湛的制作工艺、良好的品牌形象、精美的外观设计、优良的内在品质赢得了良好的声誉，在江城茶业乃至普洱茶生产、加工、运销、饮用等方面都立下了卓著功勋。江城茶史留给人们的不仅仅是一段记忆，更多的则是对重振江城茶业雄风、再创江城茶业辉煌的启迪！

彝族妇女制作的帕卡茶

彝家姑娘土罐茶

第二章
在民族花海中流连

25 个民族生活在同一片家园，语言的不同，风俗的差异，并不妨碍他们之间和谐相处。当然，各民族间也有各自的精彩，在世俗化的浪潮中，他们仍顽强地维护着民族的尊严。

刁嘴江城

江城的饮食在普洱小有名气，山里跑的，地上长的，河里游的，天上飞的，都可以成为餐桌上的美味。江城做的菜缺少技巧，但最大限度地保留了菜的原汁原味，而且，无污染的生态菜已成为江城美食的招牌。

孔子曰：“饮食男女，人之大欲存焉。”饮食是人类生存必须考虑的根本问题。我出生在生活最困难的“文化大革命”时期，能吃饱肚子就阿弥陀佛了，哪能讲究什么好吃不好吃、营养不营养。什么八大碗、十大碗的宴席那只是让我们流口水的一种神话传说。眼巴巴地熬到过年杀猪时能吃上一顿白米饭和腌菜炒瘦肉已经是最幸福的事了。今天的中国已经进入盛世，经济高速发展，物质日臻丰富，食品堆积如山，人们对饮食的追求不再满足于简单的吃饱喝足，而是转向了更高层次的享受，为了享受而变本加厉地寻觅各种美食。几十年来，我走东闯西去了许多地方，每到一地除了要问当地最好玩的地方外，特别会问最好吃的美味是什么。什么北京的烤鸭，上海的、内蒙古的烤羊，西藏的糌粑，杭州的叫花鸡，泰国的海鲜，越南的鸭仔蛋，老挝的腊普等等，见一尝一，装进肚子再说。久而久之，各种滋味杂陈，在旺盛激烈的香甜酸涩麻辣腥冰之间，嗅觉衰退，味蕾分裂，舌尖麻木，嘴巴变刁。

许多时候我会想，外地人为什么马上就能回答出当地最具特色的菜肴或小吃，是因为这些地方物产并不丰富，可吃的美味相对较少，当然能记住。

生活在江城的我有时会有意问身边的人：“江城最好吃的菜肴是什么？”许多人都得认真思考一下，才能回答这个问题。究其原因主要是江城地处北纬 22 度，年均降雨量 2000 毫米以上，年均气温 18℃，海拔从三百多米到两千多米的地带。错综复杂的地形地貌，变化多端的立体气候，遍地流淌的河溪，旺盛繁茂的森林，千里肥沃的土壤，这些得天独厚的生态环境孕育了丰富物产，特别是丰富了我们的食材。

江城小黄笋

地上长的，树上挂的，河里游的，全成了难得的美味。江城人常说：“动的都是肉，绿的都是菜。”蒸煮烹炸也好，炖焐烤烧也罢，都可以进入我们的肠胃。另外还有一个重要的原因是江城生活着二十多个民族，又与周边的老挝、越南边民互相往来，民族众多，吃的花样特别繁多。所以许许多多的外地人离开江城后总会非常留恋地说：“在江城一定要学会吃。”江城好吃的、值得吃的菜确实太多，连我这个吃货都无法回答江城最好吃的菜是什么。所以你只能问江城人：“你们最爱吃的菜是什么？”

江城菜肴的丰富多彩，只能给诸位慢慢道来。

一、清新脱俗之笋

江城土地肥沃、雨水充沛，非常适合竹笋生长。作为天然绿色食品，竹笋品质细腻、味道鲜美，富含多种人体必需的营养成分和微量元素，常食之有利于身体健康。“无笋令人俗。”江城人历来将笋视为上好的蔬菜，特别爱吃。在江城如不吃笋或不会吃笋、不能吃笋，就对不起大自然对江城的馈赠，当然也对不起充满欲望的肠胃。

按时令来说，山上的小苦笋是江城人最早吃到的笋子。在二月底就进入了吃小苦笋的季节，三八节前达到高峰时期。江城人说的小苦笋是从山上小苦竹林里刨来的。南方

小苦竹大都高约三四米，粗如手指，外表顺滑，大都用来编成背篓、粪箕等农村工具。社会发展到高度现代化的今天，人们已经很少用其制作工具了，但作为江城一道特别的菜仍然流行于餐桌。江城最普遍的一种吃法是将嫩苦笋剥好后在开水里猛煮。少煮则苦味浓重、难以下咽。多煮则微苦有味、另有风味。这要根据个人爱好，但通常要煮一个小时左右。煮好后弄一碟农村的面酱蘸着吃。而我最爱吃的做法是将煮好后的苦笋撕成小片条，找来农村百姓腌制的腊肉（必须要有肥肉），洗净后切上七八片，炼出腊肉油，再配上二分之一左右的臭菜，混合猛炒。差不多熟时加农村面酱和一点青辣子。这是最好吃的苦笋做法。有次文艺圈朋友聚会，我叫人特地准备材料按我教的方法炒了一大碗，大家品尝后都说特别好吃，是一道难得的时令美味。不过，特别要注意的是苦笋和臭菜一定要鲜嫩。苦笋炒到半熟时再倒入臭菜，要不然臭菜炒老了会难吃。

笋绝对是越鲜越好。进入七八月份，江城大量鲜笋上市，走进菜市场遍地是有壳且带有泥土的弯竹笋、甜笋、黑竹笋、白竹笋、黄竹笋。一般购买时要用指甲抠一下笋根，如果抠

刚打下的野笋

不动，说明是隔夜的老笋子，已经不新鲜了。选好、称好后让卖笋的人就地把笋壳剥掉，免得回到楼房里产生垃圾。农村人看准这点，干脆把非甜笋类的笋子削好装在盆里用碗舀着卖。

从味道与口感方面讲，鲜笋中最好吃的当属弯竹笋。如果有朋友说去吃弯竹笋，一般情况下我们就带到离城三四千米的国庆乡麻栗树寨子双禄饭店，马上让主人去打新鲜的弯竹笋来煮。为什么江城人把弯竹笋排名第一位？双禄说是因为柔软回甜。煮弯竹笋的时候除加点盐外最好不加其他佐料，以免串味。要吃的时候，一定要找来茎菜叶、青辣子、香蓼和少许姜、蒜、花椒，舂成一碗重口味蘸水。夹一筷笋子蘸上蘸水放进嘴里，鲜嫩回甜，清香麻辣，令人不能弃筷。黑竹笋的特点是苦味偏重，白竹笋则质硬味淡，所以搭配的蘸水一定要更好，其他倒无相差之处。

江城的甜笋也特别多，常见的就是削成小片煮吃，可以不用蘸水，也有人煮熟后取出来切成小条蘸农村的面酱吃。我最喜欢的是用火烧熟后舂吃，但一定要加茎菜叶和青辣子，如果能配点藠头

三夜笋

果最好。如今我住在楼房里，远离了农村的火塘，想吃舂甜笋只有到农村解决了。有一次到康平镇调研文体场地情况，在路边的和平饭店吃饭，我让主人老朱特地打来两桩甜笋，一桩削成大片煮，一桩让老朱用火烧出来，加七八个鲜藠头和茎菜，舂了一碗来吃，特别好吃，小小的愿望得到了满足。不过，如果在城里实在想吃，就用水煮过后舂，虽然味道不如火烧的，但至少能解解馋，重温一下从前的时光。甜笋在江城排名第二，原因是过甜。江城人最喜欢用牛肉烂烀、腌猪脚、鸡肉搭配煮，吃起来香甜可口。2009 年我在旅游局工作时，在国庆乡洛捷办火把节，杀了一头牛，加上两三百斤甜笋，做成甜笋牛烂烀，用几口大铁锅摆在球场，又抬来几百斤国庆酒，几百号群众就在那里大吃大喝，简单而尽兴。

无论何种鲜笋，但凡在立秋之后吃，其味都会变淡。立秋之后农村老百姓一般不再砍笋子吃了，就让其生长成为竹子，毕竟每篷竹子都还得留几桩长大起来。

江城人吃笋的方法很多，制作笋的方法也很多。

酸笋是江城人偏爱的食物，其味独特，闻之垂涎三尺。江城的菜肴以酸辣为主味，但也不是特别酸，也不是特别辣。可能是酸味能增加菜肴的鲜香，特别是在烹制肉食时，酸味能加速肉的纤维化，使肉质更加细嫩，促进消化和增进食欲。江城人爱吃酸东西，但不爱吃醋。江城菜中的酸味主要来源于酸笋和酸菜，可以说酸笋是江城饭店或江城居家的必备配料，江城的许多菜都离不开酸笋。酸笋分两种，一种是腌酸笋，江城人大都会取龙竹笋或白竹笋为原料。如果想味道浓郁一些，就切成笋丝直接像腌酸菜一样加上辣椒、草果、细盐等配料腌制起来。如果想味道淡一点，则在切成笋丝后漂洗一次，晾干后加上配料腌制。腌酸笋一般要一两个月后才掏出来吃，此时其味最纯正。另一种是泡酸笋，将鲜笋切成筒状或块状，加上辣椒、大蒜、盐巴等配料直接泡在坛子里。泡酸笋制作比较简单，但不方便携带，吃的时候还得用清水略加漂洗后捏干，切成条丝，有点啰唆，不过味道更浓。酸笋味道浓烈，闻之者常会敏感地掩鼻问之，甚至以为是什么东西腐烂、出问题了。前几年陪上海来江城支教的潘跃东老师到老憨牛肉馆吃饭，我热情万分地端上酸笋炒牛肉，他却说气味难闻，如同到了农村厕所。我一再声明是好东西，又不是毒草，吃吃怕什么。他礼貌性地夹了一点点屏着气息终于吃了，客气地说味道不错，但没有吃第二箸。今年生活在上海的他打来电话说生活在都市很怀念在江城的日子，特别是美味的酸笋炒牛肉。不过大城市来的人特别是北方人一般是挑点起来闻闻，却无法下咽，特别是年轻的美女们如临大敌似的摇摇头说不敢吃。

以酸笋为配料做出的特色菜肴也很多，比较好吃的炒菜当数酸笋炒牛肉、酸笋炒鸡杂、酸笋炒螺肉、酸笋炒芋秆。酸笋汤类主要

有酸笋煮干巴（大都为牛肉干巴或兽肉干巴）、酸笋煮红尾巴鱼、酸笋煮棍子鱼、酸笋煮黄鳝、酸笋煮泥鳅、酸笋煮田螺、酸笋煮螃蟹。酸笋去腥，江城人做有腥味的菜时最常用的佐料就是酸笋，特别是小鱼一般都用酸笋为佐料。奇怪的是，江城人很少用酸笋煮鸡肉。

还有一种是鲜肉片煮酸笋，也是一碗特别好吃的菜。不过，用酸笋做汤类的菜一定要放小米辣。但要提醒的是，吃的时候要么让酸笋汤冷却，要么让饭冷却，如果两者都太烫就影响口味了。酸笋汤是相当张扬的，几米外都能闻见，未曾开饭就让你开胃。所以，在江城只要是用酸笋做的菜，结果都是满盘皆空，肚子胀了，嘴还想吃。

2012 年傣族新米节那天，我带中坤集团的谢副总到整董傣家过节。朝前吃的那两家可能因为是午餐，又准备仓促，吃的是常见的剁生、鸡肉、猪肉，吃得毫无特点，觉得有点扫兴。转到力哨坡组长家吃的时候已经是晚餐了，这顿饭吃得记忆深刻。因为吃到了特殊的傣族笋子蘸酱，傣语叫喃咪糯。组长说做法虽然简单，但用时太长。要提前在九月份就到山上砍取一人高的老笋嫩尖，捣碎或搽碎腌制，20 天后取出捏成团或块。食时加其他佐料，主要是蘸豇豆或四棱豆、白菜。我听他这样讲，虽然肚子胀鼓鼓的，但闻之垂涎三尺，忍不住夹起豇豆蘸上一小撮笋酱送进嘴里。味道稍酸，还有鲜笋味，我立马嘴角生津，配合着吃了一小团糯米饭。这是一道只有提前准备方能享受的特别美味。

黄笋，大都采鲜嫩的，先煮熟后取出来晾干，或撕成小片做凉拌菜，或撕成小条、小片加佐料做成炒菜。

在农村结婚做客时常会吃到一碗干巴笋做成的菜。干巴笋也是江城农村普遍贮存的一种笋菜。干巴笋就是竹笋干，鲜笋猛发的季节，老百姓就会选取一部分做成笋干贮存起来。剥皮、切片、晾晒或焙干。水平高的人做出的干巴笋颜色金

大红菌

黄，还以为是用硫黄熏出来的。水平稍差的人做出的颜色偏黑。要吃的时候提前用清水浸泡一天，做成菜前再用清水煮半小时左右，起锅后切片或切条备用，即可用来炖、烧、拌，加工成各类美味佳肴。以前吃杀猪饭或结婚饭时几乎都有这碗菜，现在逐渐少了。

二、自然馈赠之菌

江城特殊的气候、森林、土壤条件孕育了丰富的野生菌。它们尽情地吸噬天地日月的精华，悠然自得地生长在纯净的江城大地。江城野生菌生于山林、长于山林，是富含多种维生素和优质蛋白质的天然绿色食品，营养丰富，风味独特。江城野生菌分布广、产量大，当属云南之最。但我们江城人最偏爱的菌子是鸡纵和大红菌。

鸡纵是江城的一种名贵食用菌。因其肥硕壮实，质细丝白、味鲜甜嫩、清香可口，可与鸡肉媲美，故名鸡纵。虽然说所有的菌子都有毒，无非毒性大小罢了，但鸡纵与木耳一样可以算是无毒菌，所以是一种不用提防的美味山珍，称之为菌中之王。所有菌子中我把它排在第一。江城的鸡纵以白皮鸡纵为主，每年的六月至九月，雨水过后，许多鸡纵就会从红土里伸出头来，第一天时还像蒜头，菌柄实心，表面光滑。第二、第三天就逐渐展开成雨伞的样子，这个时候的鸡纵肉质细嫩，但容易破碎。许多鸡纵都生长在雨季的蚂蚁窝旁边，所以江城人又将之称为蚂蚁骨堆菌。

大学刚毕业时到大富寨女朋友家，正是夏天雨后初晴时，大姐夫石文华急匆匆回家来拿挑篮，让我们兄弟姐妹也找背箩、脸盆，说是发现了鸡纵一起去采。果然成片的鸡纵生长在田头蚂蚁窝上，足足有一百多斤。据当医生的岳父讲，他也从来没有见过这么多的鸡纵聚集在狭小的地方生长。老人说

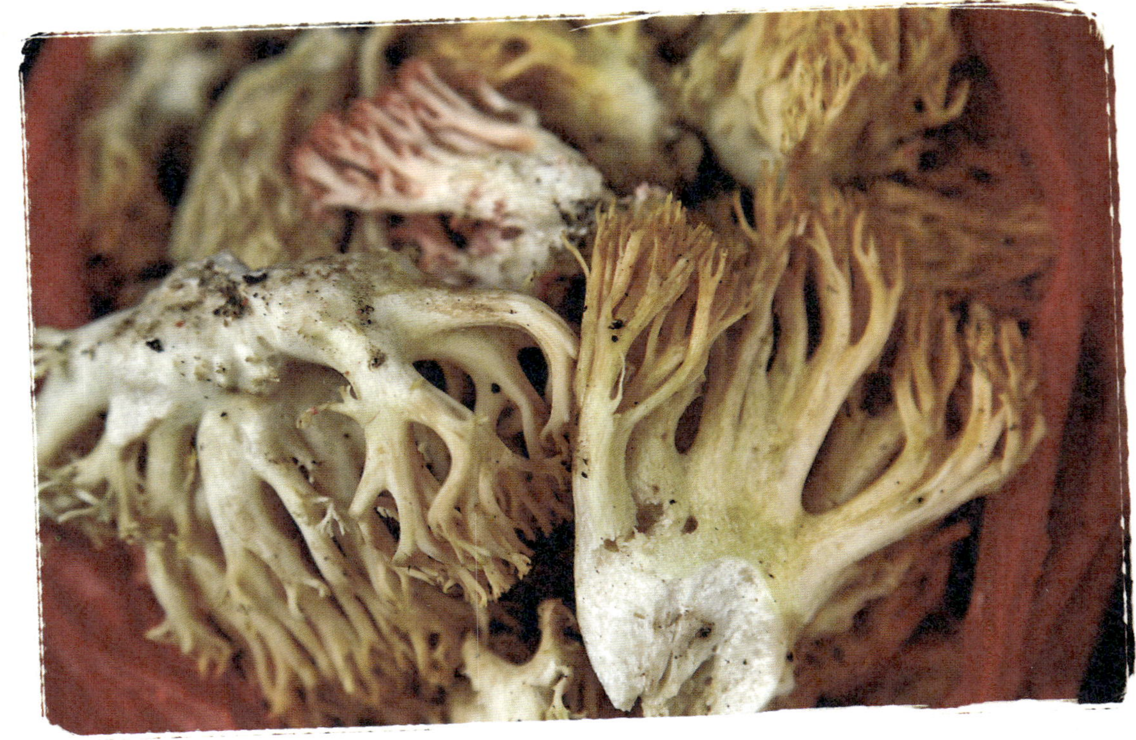

鸡纵过夜后就香味俱尽。大富寨距离县城有二十多千米的小路，不可能挑到县城卖，当时又没有什么冰箱来保存，所以当天就用大铁锅全部煮完，还叫来很多亲戚朋友一起享受美味。除了加油盐，什么佐料也不放，但味道特别鲜甜爽口，所有人吃得津津有味、汗流浃背。

江城菌子排在第二名的是大红菌。所有的野生菌都含有氨基酸等人体必需的微量元素，可以达到健脑、免疫、抗辐射等诸多保健功效，特别是对抑制癌细胞和治疗糖尿病有奇效。大红菌还有补血、驱毒的功能，所以大红菌上市时许多江城人或亲自上山采摘，或到市场购买，总要认真煮吃一两顿。江城人吃野生菜都讲究新鲜，做法也讲究简单保味。大红菌的做法就是加几颗大蒜用清水不间断地煮一两个小时，然后做一碗佐料蘸着吃。也有人杀一只鸡加薄荷煮，说是更新鲜。所以有人形象地称其为“鸡肉菌”，意思是用大红菌与鸡肉一块烹调是理想的美味佳肴。但大红菌本来的味道反而没有了，我倒不喜欢。

江城扫把菌

吃大红菌要特别小心，稍不注意采摘到类似大红菌的红毒菌或没有煮熟就有可能中毒。以前江城几乎每年都有吃大红菌中毒而死人的消息。

许多人错误地认为大红菌独产于福建两广等地，其实是因为当地产妇坐月子进补，常吃大红菌熬煮土鸡，如没有给产妇食用大红菌则会受到严厉指责。所以，许多远离家乡的游子，都会让自己的亲朋好友不远千里，把大红菌捎带回家。大红菌最多的其实是云南，特别是我们的普洱。现在信息和交通相当便利，大红菌丰收的五六月份，沿海地带，特别是福建商人就会云集普洱，最爱到江城大量收购，生意异常红火。目前大红菌仍无法进行人工栽培，因此成了十分珍稀的纯天然野生菌。大红菌刚出土的花骨朵为红菌中的上上品，价格已经抬到每公斤600元以上的干菌，让生活在大山里的人们有了一笔不菲的收入。只是苦了蜗居在县城又喜爱吃大红菌的我们这群人。

前年六月我带着两位同事到我挂钩扶贫的一个位于中老边境的瑶族寨子。30岁的户主庞有春非常高兴，给我们煮了一小锣锅饭和一碗面瓜。还说要让我们吃一碗在城里吃不到的特殊菜。上桌后才知道原来是煮了一大碗花骨朵级别的大红菌。津津有味地吃完后问起价格，让我们很不好意思。

江城的大红菌一般发两波，第一波在五六月，第二波在七八月。第二波发的时候，许多不熟悉大红菌的人会把二红菌采回来当大红菌煮吃，其味道和营养价值与大红菌差别大了。二红菌其实是大红菌的变种，个头偏小，味道稍苦，在江城价格一般七八元一斤。

排名第三位的是木耳，不过大家对它过于熟悉，不再赘述。

在所有的菌子中我吃得最多的是奶浆菌。它是我们江

炒喇叭菌

城的一种野生菌，味道相对而言并不算好，但其有非常好的通肠功效，又无毒，可以放心吃。不注意弄断它，就会流出像乳汁一样的白色液体，所以我们形象地称它为奶浆菌。我家里经常吃奶浆菌，做法通常是把奶浆菌洗净捏碎，用烫油猛炒，待熟后加蒜苗、青辣椒、苤菜或碎苤菜根搅拌翻炒就可以享用。

买奶浆菌的时候一定要选刚出土的骨朵，这是最好的，也是最贵的，其次是刚开放的伞盖，因为这两种形状的奶浆菌味道甘甜醇厚。那种粗粗大大的已经显老了，吃起来味平如木，虽然价位最低，但营养价值也很低。

我还爱吃一种黑色的菌子，因其“伞面”深深地凹陷至基部，像喇叭一样，故名喇叭菌。它的特点是菌肉稍干、含水较少、柔中有脆、嚼着有筋、味美可口，江城人一般用酸笋加苤菜叶炒吃。自然界中黑色的植物特别稀少，光合作用很难生成黑色素，所以喇叭菌营养价值特别高，但在江城价格又比较低，生活在江城的人要趁别人懵懂无知时抓紧时间多多享受。

到山上捡菌子最好捡的是马屁泡，其样子像马屎，又有人叫马屎团菌。小时候大人教育娃娃们不要懒惰时经常会说一句“不要太懒了，做什么事都得付出，连捡马屁泡都得躬腰嘛”。捡到马屁泡后江城人一般将它切成片，用酸菜炒吃，味道绵绵的，好吃。

还有一种叫扫把菌又叫老鼠脚的菌子，味道有点酸，偶尔吃一两次还是可以的。

我还爱吃白辣菌，学名不知道叫什么。它流出的浆汁有一股苦辣味，没有好的菌子时我们还是经常吃。传统的做法是把它洗净后捏碎，用酸笋炒，用来拌饭吃，相当可口。农村许多人家还把它腌起来，无鲜菜时取出来炒吃，是特殊季节不可多得的好菜。

有时可以把所有的菌子一起煮吃，称为汤锅大杂菌。小时候生活艰难，出菌子时正是青黄不接、揭不开锅的时候，这时母亲就会挎上背篓上山采菌，只要确认无毒，见什么采什么。我知道的就有木耳、大红菌、青头菌、奶浆菌、喇叭菌、火碳菌等等，洗好后全

部倒进大铁锅，加大蒜一锅煮。那时只是简单地填饱肚子、满足生存，哪敢讲究什么营养与味道，但又在不经意中吃到了最真实的野味。

江城的野生菌味道鲜美已经胜过任何鲜肉，而有人却常常会在做菌子时放新鲜的鸡肉、猪肉，实为弄巧成拙。其实越是有营养、越是名贵、越是高价格的野生菌，烹饪方法越简单越好，这样才能享受到原始本真的美味。

三、江城美味之水鲜

江城境内有红河和淯公河两大水系，有 3 江 30 河，两百多条小溪，年降雨量为云南之最，达到两千多毫米以上，水资源特别丰富。因此游走在水里的动物，大到李仙江、曼

马屁泡菌

好大的红翅膀鱼

老江里的面瓜鱼，小到河溪里的花条鱼、红尾巴鱼，还有箐沟、田塘里的螃蟹大头鱼，在江城这个热带小县里是应有尽有。如此，生活在江城的人无法不与水鲜结缘，拿鱼吃鱼，评鱼论鱼，理所应当地成为生活中必须的内容。

我的老家龙潭村在勐野江源头么等河岸边，基于得天独厚的条件，从小就跟着大人们学会了拿鱼、吃鱼。么等河在江城属于小河，里面生长最多的就是我们当地叫红尾巴鱼的小鱼，学名叫薄鳅，有

三对须，身上有花条纹，尾巴红色，大小如手指，主要栖息于江河上游石头下面，属于浅水鱼。还有一种比红尾巴鱼还小点的鱼叫马粗糠鱼，肉质细嫩，但细鳞粗糙，伙伴们都不喜欢这种鱼。国庆节至来年的五月是江城的旱季，也是拿鱼的最好季节。放学后几个小伙伴就带着用细竹片编成的捉鱼工具细笼到河里拿鱼。找一处水流不太急的浅滩，把细笼口朝下埋在河里，在细笼前必须留几块石头，多余的石头一定要移开。然后退到十多米远的下游，把石头一一翻开，原来躲在石头下的红尾巴鱼和马粗糠鱼就朝上游逃，逃进细笼前的石头底下，这时把细笼前的石头轻轻翻开，鱼就逃进细笼里了。笼里的鱼主要就是红尾巴鱼和马粗糠鱼，很多时候我们把马粗糠鱼分出来喂猫，现在拿到马粗糠鱼一般油炸下酒。

水平高的伙伴边翻石头边捉鱼，我倒没有这种本事。我们还有专门对付小鱼的鱼叉。找一段十多厘米长的坚硬木板，板头钉上小细铁钉，在磨刀石上把它磨快，就可以叉住躲在石头下面露出头来的小鱼了。有种叫石扁鱼的小鱼，和红尾巴鱼一样属鳅类鱼，也多栖息于急流河段的石头缝隙中。因为它吸附在石头上，所以比较容易捉到。如果捉到这种鱼就把它捏死后贴在脸上，很好玩。

鱼多的时候，下一次笼就可收获半斤鱼。鱼少的时候下一次笼只会得到几条鱼。不过，找有鱼的河滩多下几笼，翻上几次，每天可拿到一两斤鱼。那时我们寨子人不时兴编装鱼的鱼篓，因为拿鱼是随时会发生的事。临时拿到鱼后就在河边扯一根小鱼藤把鱼串起来提回家，交给爹妈做酸菜煮鱼。所以我母亲经常说一句话：上山手常空，下河一锅汤。

傣族烤鱼

20 世纪 70 年代一年只能杀一头猪，还必须砍一半卖给国家，剩下的半头猪要应付一年四季的生活，油脂相当匮乏。没有油脂，煮出来的鱼就相当腥气。有时我会怂恿比我小的

江城大头鱼

跟屁虫从家里偷点腊肉，带上酸菜和小锣锅到河边。拿到鱼后就在河边生火煮一锅酸汤鱼，美美地吃上一顿，再跳进河里洗个澡，追逐打闹一番后趁父母没有回家前溜进家门。当然有时偷腊肉的事会被发现，小伙伴会被爹妈打骂，我作为始作俑者也免不了被臭骂一顿。事后又常常好了伤疤忘了疼，故伎重演，乐此不疲。儿时的生活虽然艰苦，但至今令我怀念无比。

不过这种日子并不多，哪家也没有那么多的腊肉

让我们偷。所以，拿到鱼后要煮一锅鱼汤甜甜地喝上一口在当时是一件多么奢侈的事啊，经常是只能擦点盐巴烧吃。拿到鱼后，许多时候就在河滩挖一个小水潭偷偷养起来，积攒到赶街天时提到十多里远的县城去卖成钱，偶尔还能买本小画书来看。

上三年级后最高兴的事就是三月份的春游，实际上就是到河里拿鱼改善生活。无论怎样穷的学生都必须带上锣锅、碗筷和一小碗米，有的同学得带酸菜，班主任会用班费购买

一块肥肉。到河里后全班人在班主任的带领下挡河拿鱼。我们抬石头的抬石头、运土的运土。一小时左右后水干鱼跳，尽收盆中。拿鱼结束，老师让小女生去采摘蕨蕨菜，小男生负责捡拾干树枝生火，大女生要负责割鱼屎，大男生则负责打灶和煮十多口小锣锅饭。班主任就专门负责切肉、炼油，炼好油后把鱼、酸菜、蕨蕨菜全部倒进大一点的铁锅中煮。十多口小锣锅在河滩一字排开，烟雾缭绕，香气扑鼻，在我们小学生眼中那是非常壮观而诱人的场景。饭菜熟后，找一洁净的地方，支起大大小小的锣锅、铁锅。只有白米饭和酸汤鱼，但师生们团团围坐，放开肚皮尽情享受这顿简单的大餐。吃得太饱了起不来，干脆就睡倒在河滩上休息。那时候我们都一直认为红尾巴鱼煮酸菜、蕨蕨菜是世界上最美味的菜肴。

么等河里还有一种小白鱼，冬天太阳正当顶时会游到浅滩取暖，这个时候如果有渔网就相当好捕了，但那时候很穷，村寨里几乎没有渔网。我们就砍一些河边的苦马草捆成长条，四五个人将小

刺角鱼

白鱼挟裹到河边捉，有时会捉到五六斤。

春节前寨子里一般会大规模组织一次拿鱼活动。这一天吃过早饭后，全寨男女老少一起出动，找一条河岔，壮年男子抬石头，妇女、小孩抬泥巴，把河岔堵干。水差不多要干时，为防鱼群顺水逃跑，必须得把细笼安在岔子尾，水消退时鱼会自然顺水而逃落入笼中。如果河岔里有无法流干的水潭，我们就把提前几天就挖来捣碎晒干的白药根倒进潭里，鱼就会翻腾出来。这种“竭泽而渔”的方法最原始，但非常有效，许多时候都会拿到四五十斤，1978 年竟然捉到两百多斤，每家分到十多斤。

那时候是连吃饭都成问题的年代，饿肚子是经常的事。下河拿鱼又特别消耗能量，肚子更容易饿。我们就把拿到的红尾巴鱼先在炽烈的石头上晒干，又在干净的细沙里捂上半小时左右，半生不熟就取出来吃了。有一次我饿了，吃了十多条，可能是腥味太重的缘故，结果呕吐不止。从此之后很长一段时间我就不爱吃鱼了。

年轻时我一直认为红尾巴鱼是江城河流里特有的小鱼，后来到外地州旅游才知道江河里几乎都有这种鱼。有一次到泰国时路过老挝波乔省，沿路看到许多男娃在路边提着一串串鱼叫卖，停车细看，原来是我们常吃的红尾巴鱼，只是个头更大。

近十多年来，由于禁止电鱼、毒鱼，河里的鱼特别多。很多城里人周末就到河里拿鱼度假，成为江城人休闲娱乐的一种方式。二三月份，我妹夫小岳几乎每个周末都会回老家腊户河用小渔网撒红尾巴鱼，几乎每次都不少于五六斤，然后召集我们享受新鲜美味，许多时候免不了小酌几杯。时光变得悠闲美妙。

江城还有一种叫大头鱼的亚热带鱼，头比身子大，还像蛇头，身子像马粗糠鱼，体色偏黑，体长二三十厘米左右。

大头鱼喜欢栖居于泥底水草多的水塘、泥泽中，白天隐居，夜间活动，摄食小鱼虾和幼虫等。我查过大头鱼的资料图片，说大头鱼的学名叫南鳢，是鳢鱼中的一种，北方人叫蛇头鱼，又有人叫黑鱼、食人鱼。《山海经》上说“其身如蛇，其声如羊”，是名贵鱼种。江浙一带常用这种鱼来滋补身体，特别是产妇。这种鱼最爱生活在水田、泥塘里，所以我们小时候经常到水田里拿大头鱼。水稻收割后，我们就把田水放干，生活在田里的大头鱼就会跑到田埂排水口下的小潭子里。用手把水泼干后往往会拿到几条大头鱼和泥鳅。大头鱼皮鳞粗糙，但肉质细嫩，烧吃的话味道较好，但因样子丑陋，小时候没有人吃。我们小孩子拿大头鱼主要是图好玩，当然也是为了家里的猫。20 世纪 80 年代后田里大量使用农药、化肥，大头鱼几乎灭绝，多少年都没有再见过，近几年又多起来。去年我还特地在哈苗电站出水口的河道里弄了几条，就在旁边的小食堂烧吃。切掉恐怖的大头，剥去粗糙的外皮，吃起来细嫩香甜。前几天谈到江城的鱼时，一位学生说他去江里钓鱼，竟然钓到一条 6 斤重的大头鱼，可惜没有拍下照片。前年我在工作室露台鱼池里养了许多锦鲤和本地小白鱼，还有老挝的孔雀鱼，非常漂亮。我表弟特地带来一两斤红尾巴鱼和五条大头鱼放进鱼池，结果许多鱼就被大头鱼咬死了。

江城还有一种肉色和面瓜的颜色一样金黄的鱼，我们当地老百姓形象地将之叫作面瓜鱼。小时候听大人讲面瓜鱼很大，体重可与小牛相当，抓到后把肉做成干巴拿到县城卖。不过么等河这类的小河里没有，正所谓小河难养大鱼。

在江城提到面瓜鱼，人们不可避免地会提到与越南相邻的号称陆地渔村的土卡河寨子。当地群众是白傣，长期以打鱼为生，不种稻谷，不种蔬菜。第一次吃面瓜鱼是在 1995 年，江城至李仙江土卡河的公路刚刚挖通，我和朋友们就特地到土卡河这个小渔村吃面瓜鱼。当地渔民抬来一条 60 斤重的面瓜鱼，吓了我一跳。他们说现在面瓜鱼逐渐少了，组长说 1984 年江城遭遇洪灾，李仙江发大

水，河滩上到处是死鱼、半死鱼，有的面瓜鱼两个人都抬不动。不过洪水冲出来的鱼吃不成，因为肉里的沙子太多。我们让渔民们砍出一部分净肉，加姜巴、大蒜就煮成清汤鱼，味道鲜美，但感觉甜味不足。2009 年在曲水参加处理胶农矛盾纠纷，我们工作组住在丫口寨，轻闲时就开车到 10 千米外的土卡河探望驻扎在那里的工作组。名为探望，实则去吃面瓜鱼。他们说这里无菜可买，只得买鱼来吃。早上吃面瓜鱼，晚上吃面瓜鱼，连早点都是面瓜鱼汤。

2011 年 4 月 30 日，我带中央电视台《远方的家》栏目组到土卡河寨子拍专题片。听说央视记者来，年轻的陶云福组

抓到一条面瓜鱼

清汤面瓜鱼

长组织群众去捉面瓜鱼，但这几年李仙江建设电站，鱼种和数量都大幅度减少。陶组长费了九牛二虎之力才抓来两条十斤左右的面瓜鱼。村民们杀好后，取出金黄色的瘦肉剁成细肉，加上盐巴、辣椒、姜巴、大蒜、花椒、嘎哩罗果等佐料做成傣族传统的名菜剁生，以包菜、水菜、茴香蘸着吃，味道相当鲜美。其他的骨肉全部砍成小块，配上姜巴、大蒜、大葱，煮成清汤鱼。央视记者第一次吃面瓜鱼，吃得满头大汗。著名主持人谭文颖说从来没有吃过如此鲜美的河鱼。

其实，面瓜鱼学名叫湄公河巨鲢，是体重最大的淡水鱼。世界自然保护联盟将这种鱼的濒危等级列为极危，也就是说，它们离灭绝只有一步之遥。去年听说在泰国湄公河段抓住了一条重 293 公斤、长 2.7 米的面瓜鱼。这几年随着许多电站的建成，面瓜鱼游到土卡河就再也跳不过高耸入云的电站大坝。以后来江城吃面瓜鱼，

恐怕要到越南了，这还得看国家是否禁止捕捞。

江城还有一种外形有点像面瓜鱼的淡水鱼，其颌须相当长，可伸至臀鳍末端，我们当地人形象地称之为长胡子鱼。学名叫丝尾鳠，为云南省六大名鱼。云南两大水系在江城区域而言，李仙江偏向湍急峭拔，曼老江则显得悠然缓慢。长胡子鱼最喜欢生活在水流缓慢的江河里，相对而言，曼老江的长胡子鱼数量和名望均高于李仙江。许多人也是在曼老江边的康平镇吃到长胡子鱼或其他鱼的。位于曼老江左岸的康平处于江城至普洱市区的路途中，许多去市区的人会计算时间在康平一带吃上一顿饭，专门享受曼老江特有的江鱼。2004 年 7 月，我正在康平饭店接待上海来的支教老师，这时本地渔民送来一条三十多斤重的活鱼，其胡须长到鱼尾。其实我第一次见如此大的长胡子鱼，憨憨地问他们说是不是鲶鱼。得知是营养丰富、肉质鲜美的长胡子鱼，我让店主人买下后，先煮给我们一盆，特地要求把一对长胡子也煮了。除了几块姜巴和几根大葱外，不加多余的佐料。每人先喝一碗乳白色的汤，再大快朵颐。上海人很客气，硬让我多吃胡须，我没有过分拒绝，其实长胡子鱼最好吃的就是那对胡须。后来吃得连汤都不剩。近两年听说曼老江下游的景洪市有人已经成功地人工养殖出长胡子鱼，但我相信其味道绝对不能和野生的相比。

江城小螃蟹

如果要把江城境内的鱼按味道好坏弄一个排行榜的话，那排在第一的肯定是红翅膀鱼。这种鱼学名叫中国结鱼，属鲤鱼科，身体银白色，胸鳍、尾鳍呈红色，这才叫作红翅膀鱼。在普洱、版纳一带属名贵野生鱼类，卖价最高。

江城人做鱼的方法相对简单，大多数人采用清汤煮鱼，当然条件是鱼必须是新鲜的。如果是红尾巴鱼、小白鱼、泥鳅等小鱼，把它们洗净就可以了。先把油、姜、蒜、花椒、辣椒等倒入锅中，炒到香味四溢就加清水，我们称之为油锅

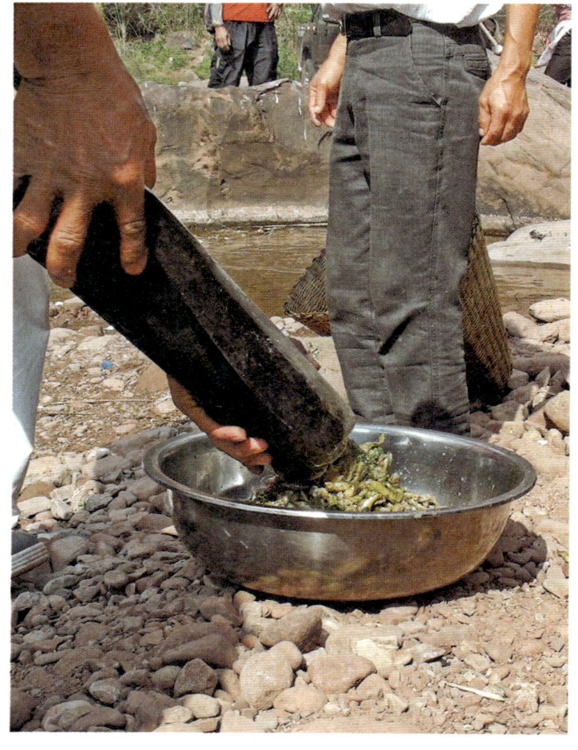

竹筒烧红尾巴鱼

汤。再把鱼、酸笋或酸菜、蕨蕨菜或香茅草等全部倒进锅里一起煮。煮熟了就可以抬上桌享用了。这种办法好处是汤多而酸辛，鱼肉虽鲜但味淡。如果抓到的是面瓜鱼、长胡子鱼之类的大鱼，那得砍成小块状。做一个油汤把鱼块放进去清煮，一般不加酸菜、酸笋，只加姜、蒜和大葱。用这种方法做出的鱼味道纯正、鲜美。

另外一种烹饪方法叫读鱼（江城方言）。把处理好的鲜鱼略微抹些食盐，先用热油煎黄、煎熟，再把酸笋盖在鱼的表面，倒入姜片、蒜片、辣椒，最好加点老百姓做的豆酱等慢慢焖煮。料味被鱼吸收后就可以上桌食用。这种方法做出的鱼汤少，味道辛辣，鱼肉鲜美，但需要的时间长，就如读书一样，要有耐心。

我爱吃一种干净的鱼叫棍子鱼，又叫竿条鱼，学名似鳡。外形细长，无须、眼大，鳞甚细小，背部黑暗，水中看去真像棍子。棍子鱼大刺多，几乎没有小刺，所以显得肉质坚实，老百姓说肉硬。这种鱼生活在有一定流速的江河中，或是湍急的小溪中，水质要干净。十多年前在桥头河电站那条河里，这种鱼特别多。我们下乡或出差时经常在附近的小饭店油炸出来一盘，边吃边玩牌，不时喝上几杯酒。如果有充裕的时间，那做棍子鱼这道菜时就不能像油炸那样简单了事。现在康平的棍子鱼少了，人们大多到大寨村白老河一带去捉。去年我带了几个高手用渔网捕捉到十多斤，回到寨子里先把锅烧热放油，放入棍子鱼，最后再加酱油、盐、辣椒、腌豆腐，放少许水焖煮一下就可以取出来吃了。不算干，也不算汤多，这样做出的鱼除了味道纯正外，可以把鱼刺顺利地剥离。

江城还有一道内地无法吃到的菜叫嘎哩罗煮鱼。嘎哩罗果是江城的方言，它属于槟榔青稞，是生长在热带、亚热带低海拔地区的乔木，果实大如鸡蛋，春天挂果，秋天成熟。嘎哩罗果既酸又涩，不作为水果单独食用。但它又有解渴生津、消炎止泻、降压降脂和祛除腥味的功效，因此江城人拿它来作为鱼的配料或当凉拌佐料。据说江城的嘎哩罗煮鱼这道菜是一对傣族夫妻偶然发现的。那天这对傣族夫妻在河边田地劳动，午间拿到一条两三斤重的鲶鱼，就在河滩树荫下

架锅煮鱼。吃的时候感觉鱼汤酸溜鲜甜，不同往常。正在疑惑时，头上的嘎哩罗果砰的一声正好掉进锅里，夫妇俩才恍然大悟。以后夫妇俩煮鱼时就把嘎哩罗果捣碎作为主要配料。后来在傣族群众中逐渐流传。只是需要在秋天时节到山上捡拾嘎哩罗果，储藏在阴凉的地方备用。现在县城大转盘那里就有一家叫“嘎哩罗煮鱼”的饭店专门做这道菜。首届丢包节时因为想把它当作接待贵宾的一道菜，我们组委会的几位哥们就先去品尝了一次，后来一发不可收拾，竟然爱上了这道菜。现在只要你想吃，老板娘就会马上挑一条适中的鲶鱼或江鳅，宰杀洗净，把嘎哩罗果稍微捣烂放进锅里小煮，再放上适量的姜片、辣子和芫荽，出锅时撒上青绿的大葱，一道色香味俱全的嘎哩罗煮鱼就呈现在眼前，让你细细品味。

除了鱼以外，江城人还爱捉小螃蟹。这种小螃蟹生活在山箐沟里，个头很小。我们小时候能捉到的动物太多，但像乌龟、穿山甲、螃蟹这些东西是不吃的。20 世纪 80 年代后人们开始流行去山沟里找小螃蟹来吃。1989 年，我还在一中当老师，一个周末，应嘉禾中学老师的邀请，我带着几个漂亮的女老师到李仙江边的箐沟捉螃蟹，还准备了许多佐料，信誓旦旦地要让她们饱餐一顿。可惜只捉到十多只，塞牙缝都不够，很是尴尬。

曲水哈尼族一般做成螃蟹炖蛋，就是把洗净的螃蟹捣碎、过滤，将沉淀下来的螃蟹汁与鸡蛋混合后加入各种香料一起炖。螃蟹炖蛋的味道非常特别，深受江城人的喜爱。曲水哈尼族在县城开了一个叫哈尼山庄的饭店，主打菜就是哈尼族的螃蟹炖蛋。

彝族喜欢用酸笋煮螃蟹。用清水冲洗掉螃蟹身上的泥沙，去掉蟹壳，同样先倒油入锅，与姜、蒜、辣椒等佐料小炒片刻，加水与酸笋煮成汤，再加入螃蟹煮十多分钟，就可以开怀食用了。

江城人还爱吃螺蛳，这是一种特别的水中美味。江城的螺蛳生长在江河里的很少，许多是生长在田边沟渠，最多的是生长在田里，又因个头只有指头般大小，所以江城人称之为小田螺。江城的雨水过多过长，五月底就匆匆来临。这时候田里的秧苗已经碧绿，

水蜈蚣

小田螺开始疯长，我们就开始到田里捡拾。不过小田螺最多的时候应该是收割水稻的七八月份。这时候又是学生的假期，我们挎着小竹篓成群结队地相约到刚收割过的田里拾小田螺，回家后把田螺一个一个洗干净，如果不急着吃，还要用淘米水泡上一天左右，把泥沙泡掉，取出洗净，与酸笋一起放在清水中煮。吃的时候要用竹签小心翼翼地把里面的肉掏出来，不能轻易损坏外壳。因为那时没有像样的玩具，我们就把吃过的田螺壳串起来挂在脖子上当铃铛。十多个伙伴挂着田螺铃铛奔跑游戏，声音清脆，煞是好听。可惜奔跑时田螺壳太容易损坏，玩不了几天就得重新串。江城的许多烧烤店都有这碗菜，许多店都是用酸笋加薄荷煮小田螺的。

这几年江城流行吃生长在水中的爬爬虫。这种虫以前是没有人吃的，现在我们拿来洗净后油炸下酒，还说是滋阴壮阳，也不知真假。近十年来江城的亲戚朋友相聚或接待外人，都会先玩牌、喝酒，当然得要点下酒菜，一般就是弄油炸红尾巴鱼或爬爬虫。爬爬虫样子像蜈蚣，又有人叫水蜈蚣，看上去有点恐怖，所以外地人，特别是大城市来的人一般不敢吃。但 2014 年已经卖到每公斤 60 元，比一般的鱼还贵。

四、山珍极品之蛹

这道菜从前一般人是不能公开吃的，只有土司老爷才能。江城人常说："绿的都算菜，动的都是肉。"很多昆虫都是江城人的美味佳肴，值得一尝，而昆虫蛹却是无论如何也必须品尝的顶极美味。

十月雨水收过，江城人就开始到山上烧蜂、取蛹，烧的主要是大黑蜂和土蜂。我不会烧、不会养，但特别爱吃。听说我爱吃蜂蛹，有一天晚上学生黄毅特地打电话来说拿到很多蜂蛹，叫我务必赴宴。我到林苑山庄一看，哇，我从来没有见过一窝蜂竟然会有十多饼，其中有一蜂饼直径竟然有一米多。这次烧出来的蜂蛹有 120 多斤。黄毅留下大部分外，取出二十多斤专门叫饭店的主人连夜加工。做蜂蛹这道菜工序不复杂，但得掌握好火候和煮的时间。小蜂蛹加茎菜叶、茎菜根煮，味道甜美。稍成熟的蛹挤掉屎后用开水烫死，加茎菜根等佐料凉拌，最为营养。待在巢中已经成形但还不会飞的蜂儿就油炸，香脆可口。除了加盐外最好什么佐料都不放，以免夺味。当晚煮了一盆小蜂蛹，凉拌半盆大蜂蛹，油炸半盆蜂儿。这才是真正的饕餮盛宴。14 个人放开肚子狼吞虎咽，但还是没有吃完。蜂蛹价格当时已是 200 元一斤，平时只能数着吃，今天却敞开肚皮猛吃，可惜我已经吃过晚饭，肚子已经容纳不下更多东西。这一晚吃得过多，已经吐蜂蛹渣了。

指头大小的蜂蛹洁白可爱、营养极高，在食品中列为上品。《神农本草经》说："蜂子微寒无毒，除毒补虚，轻身益气，久服令人光泽，好颜红不老。"能改善心血管功能，能调节消化系统、增加食欲，能保肝护肝，能调节神经功能，安神镇静，增强记忆。人们常说我 48 岁的年

油炸土蜂

纪、38 岁的样子、28 岁的体力、18 岁的心脏，虽然有吹捧的成分，但事实也如此。2014 年十月长假我开车进西藏，8 天行程 4200 千米，平均每天 500 千米。有一天凌晨 4 点从四川的石棉县出发，下午 6 点就回到江城，跑了一千多千米。之所以这样，我想除了其他因素外，和我长期吃野菜，特别是吃蜂蛹、竹虫是分不开的。

不过要注意吃蜂儿或蜂蛹必须选择新鲜的，最好是活的。因为死亡时间较长的蜂儿、蜂蛹可能病变或被细菌污染，会引起中毒。

蜂儿、蜂蛹虽然蛋白质丰富，但成分复杂，我女儿只要吃上三四个就会全身过敏，出现小红疙瘩并发痒。2014 年 7

掏蜂蜜

月，我和女儿从思茅回江城，半路上岔河的一个学生来电说进来吃马蜂儿，嘴馋的我就带着她一起去吃，结果回到县城她就全身发痒，害得我连夜到医院去开息斯敏。所以体质过敏者最好不要吃。

我过于爱吃蜂儿、蜂蛹，也遭人诟病。有一次亲戚朋友们杀狗聚餐，因我近几年来已经不再吃狗肉，好心的小侄儿特地给我煮了一大碗蜂蛹。我边吃蜂蛹边劝别人少吃或不吃狗肉，惹得一位爱吃狗肉的人当面冷语，他让我别得意，蜂子也不是什么圣洁的食品，相反还相当肮脏。他说蜂子是食腐动物，专门吸吃死牛烂马，甚至是死人的血液、肉汁，有次迁坟，打开坟墓，许多土蜂已经咬开棺材正在吸吃死人。说得让我大倒胃口。有一次我们十多个局长跟随领导到整董调研，午餐时端上一盆蜂蛹，大家狼吞虎咽时，我就讲了这个故事，结果有一位局长当场呕吐，一半的蜂蛹没人吃了。我倒是乘机猛吃。

我承认蜂子是有些肮脏，但生长在竹心之中的竹虫是世界上最纯净卫生的高蛋白食物，这是不争的事实。

竹虫是江城人最喜爱的美食，当地又有人叫竹蛆。有人说它是

大土蜂蛹

象鼻虫在竹笋上蛀洞产的幼虫，又有人说它是竹蜂的幼虫。反正竹虫在嫩竹内产卵孵化，寄生竹内，啃吃新竹内壁的嫩肉和吸食竹内水分生长，一个月左右就从米粒大小长到筷头般粗大。细眼黑嘴，肥软白嫩，还有些像冬虫夏草，对我们这些爱吃的人来讲是可爱无比的小动物。当然对那些生活在大城市不敢吃的人来说却心生厌恶，毕竟太像厕所里的蛆了。其实竹虫富含蛋白质和人体所需的氨基酸，是理想的健康食品。

每年七八月，我们农村人吃过笋子之后接着就要吃竹虫了。我们会寻找有病斑或竹节变形的新生竹子，砍倒破开，取出里面的竹虫。如果时节掌握得好，砍一棵竹子就可以获得一两斤竹虫。

竹虫的吃法不多，最直接的吃法就是生吃。小时候跟着男人们去砍竹虫，他们破得竹虫后直接抓出来塞进嘴里生吃，还说是男人就必须这样吃一部分。我也跟着吃过，味道不算好，但有点奶油的甘香味。据说这种原始的吃法最有营养价值、最补身子。长大以后才明白竹虫还具有强壮男人精血的

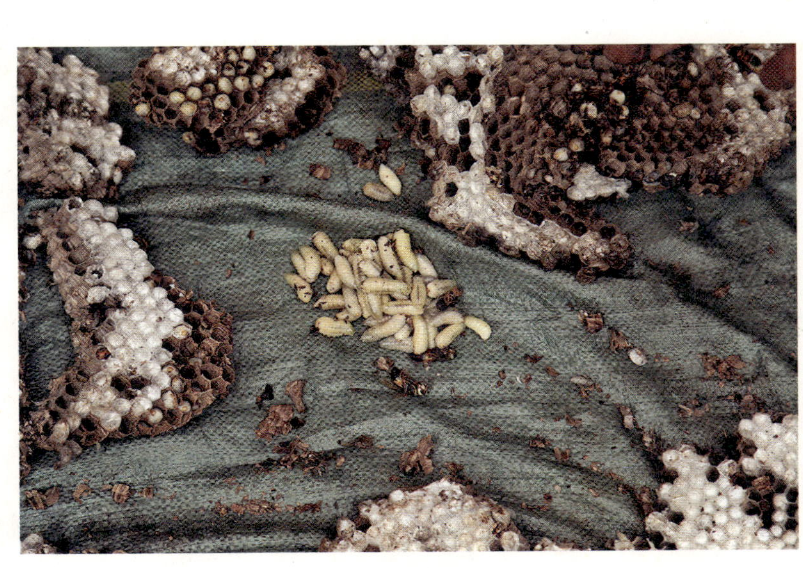

功效。所以江城人还说竹虫是男人的“伟哥”。

如果你不敢生吃，那最基本的吃法就是油炸竹虫，把刚从竹内取出的竹虫倒进锅里炒干，加油，等三五分熟后必须取出，加椒盐就可食用，味道鲜美，是下酒的首选好菜。如炒黄、炒焦，则营养尽失。

另外还可以加点葱丝原汁原味地炒，饱满的竹虫仍然保留着比较原始的鲜美味道。

江城人一般不煮竹虫吃，说是营养容易流失。不过我倒是在整董吃过傣族人用竹虫做的剁生，甘甜回凉，味道独特。

小时候倒是见过大人把砍到的竹虫放在一节新鲜竹筒里，撒些细盐进去，把筒口塞上，用力摇动，然后放在火堆上烧烤。等竹筒散发出清香味时，打开塞子，取出竹虫扔进嘴里嚼吃，既有竹虫的绵软，还有鲜竹的清香，是一道简单而清新脱俗的好菜。

冬天过后，竹虫化成竹蜂破竹而出，四处飞舞。

江城多树，生长着许多蚂蚁，其中有一种黄色的大酸蚂蚁会结成团吊在树梢上，远远看去有点像蜂巢。酸蚂蚁的蛹也像蜂蛹或竹

虫一样富有高蛋白，是江城人比较喜爱的佳肴。蚂蚁营养价值高过牛肉、鸡肉，还可以增加钙质、强筋正骨。古人说："蚁力最大，能举生铁，常食之能益力气。"2011 年 10 月中央电视台《远方的家》栏目组来江城土卡河拍摄时，当地村民特地从大树上采回一大窝酸蚂蚁，十多个妇女边抖蚂蚁，边捡蚂蚁蛹，半小时左右就捡到两大碗蛹。我认真细看，他们说是蛹，其实应该是蚂蚁蛋。土卡河妇女做了两道蚂蚁蛋菜。一道菜是把蚂蚁蛋用温开水烫过后，加韭菜小炒。另一道菜是把蚂蚁蛋用温开水烫熟后加葱、蒜、醋、椒、盐、青辣椒等佐料凉拌。两道菜都味道酸甜，又有些醇香。这碗菜虽然营养、美味，但酸蚂蚁本身不多，又巢居在很高的树上，不容易获取。酸蚂蚁是一道非常难得的，甚至是可遇不可求的佳肴，如果你能在江城吃到它，算是有口福之人。

五、江城野菜

据说生活在大城市的人们想吃点无公害蔬菜都难，可生活在我们江城的人如果还洋洋得意地说吃的都是无公害蔬菜，那他就 OUT（跟不上潮流）了。生活在江城的人谈的不是吃无公害蔬菜，而是吃哪种野菜又如何吃的问题。在江城的餐桌上如果没有几道出自偏僻乡野的山茅野菜，请客都不好意思。这和十多年前满桌油腻的大鱼大肉相比，早已回归原始本真了。如果我在家里吃饭，一般都以野菜为主，这已经形成了习惯。这得感谢江城的立体气候和优良植被，各种野菜遍地生长、随处可见，餐桌上一年四季野菜不断。只是刚上市时，有的时令野菜比肉价都还高。真是时过境迁，从前穷的时候毫不起眼的山茅野菜，现在身价百倍。

《江城县志》上有几组数字有利于认识江城的植被情况。森林覆盖率在 70% 以上，全国重点保护的植物有 33 种，中草药品种在1000种以上，主要中草药植物药材364种，全国要求重点普查的有129种。可见江城雨量充沛、植物茂盛。江城可吃的野菜太多，说是成千上万也不为过，所以无法在这里一一细说。只能给大家介绍几种江城人爱吃的野菜。

烤青苔 青苔生长在清澈的河流中，为一种苔藓植物，有清热、利湿之功效。江城各民族中傣族最爱吃这道菜。三十多年前我到整董镇参加泼水节时第一次吃这道菜。节后的一天，曼贺井的傣族姑娘们邀约我到曼老江玩，其实她们是去江边砍芭蕉，顺便约我。砍好芭蕉后，她们开始吃带来的糯米饭，但没有菜，她们就带我进入曼老江水流湍急的河段，把又鲜又绿的青苔采出来，就着河水洗净，用干净的石头将其打成薄片，加点盐巴，再稍微晒干。然后找些柴火生火，把晒干的青苔慢慢烤黄，就着糯米饭一起吃。味道清新脆香，她们说如果在家里，还可以把烤黄后的青苔放进小碓里舂成粉末，蘸着糯米饭吃。

清煮金刚钻 江城的金刚钻其实就是仙人掌，属于灌木状肉质植物，生长在干热的山坡地坎上，有消炎祛斑和润肤减肥等作用。我有次吃热了长硬头结，我姐夫说金刚钻可以打毒，就到园圃地砍来一段鲜嫩的金刚钻，剥去叶片上的刺皮，回家洗净后切成小块，用两三斤排骨与金刚钻一起煮汤吃，味道有些微甜。第二天我的硬头结就开始消肿，第三天就好了。

芭蕉芯

海船 学名叫玉蝴蝶或千张纸，因其样子像小船，江城人称之为海船，有消炎的功效。海船最好吃的时候在十月左右，不老不嫩，苦味正浓。江城人常常把采摘下来的海船切成几段用清水煮，如想保持苦味，则少煮。然后以本地做的土面酱为佐料蘸着吃。

海船（玉蝴蝶）

也有人用火烧烤，但味道过苦。这几年接待客人时江城人常常要做这道菜，还说这是江城人的“青霉素”。2009 年举办首届中、老、越三国丢包狂欢节时，海船蘸面酱曾被挑选为接待贵宾的一道特殊菜品。我这人一般不吃有苦味的菜，但偏爱两种苦野菜，就是海船和小苦笋。

芭蕉心　江城有许多生长在山箐里的野芭蕉，以前常被砍来喂猪，是农村养猪必不可少的饲料。野芭蕉与家种的芭蕉区别在于果里多籽。芭蕉树里水多，容易种植。农村山歌就有“火烧芭蕉心不死，不见阿妹心不甘”的调子。但苦涩的芭蕉其心茎可做成一碗可口的菜，还可以清热解毒、凉血止血。以前生活困难时到农村人家，他们就会临时到寨边箐头砍一棵还没有结过果的芭蕉，剥去外皮，取得像日光灯管一样洁白的心茎，回家来切细，配以珍藏的骨头生，加点韭菜炒吃，特别好吃。有人把切细的芭蕉心用开水冲过后，用面酱凉拌，也很好吃。

光棍菜　是生长于山坡上的一种野菜，进入冬天后叶子落光，故俗称光棍菜。光棍菜本身有一种天然黏性的物质，滑腻拗口，如不除去，难以咽食。因此，采来光棍菜后，一般先放入沸水锅中煮至稍熟，待自然冷却后，捞出再

用清水冲洗。然后切成小节，加入适量的骨头生一起炒吃。为了省事，有人只是放进清水里煮熟、晾干，然后蘸着面酱或盐巴、辣椒面吃。2011 年 12 月，在江城举办的第二届中、老、越三国丢包狂欢节的单身派对上，我安排人到农村采摘来两百多斤光棍菜，煮熟后放在入口供人享用，但吃的人不多，许多外地人不知道这道菜。

油瓜　江城人还称之为野面瓜，不知道学名叫什么。油瓜是生长在江边箐头的野生藤蔓植物，藤子缠绕在大树上，所以采摘油瓜必须会爬树。油瓜比拳头稍大，含油量非常丰富，故江城人给它取名叫油瓜。油瓜去皮后里面有四五瓣坚硬的核壳，砸开硬壳后才能取出要吃的肉仁。肉仁含高脂肪、高蛋白，营养极为丰富。油瓜可生食，但一般是烧吃，不过不要吃多，因为含油量大，容易拉肚子，最好是切成小片炒其他菜，味道特别香。小时候我们常到山上采摘油瓜，取出肉仁当猪油做菜。可惜此物不太多，又爬绕在大树上，不容易得到。2014 年国庆到嘎勒的龙山下乡，在老左家就看到许多已经剥出硬壳的油瓜，喜爱无比。老左见此送了我十多个，但我舍不得吃，一直摆在工作室的茶几上当饰物。

三丫果宴

青山药 因去皮后白如豆腐，江城人又叫白山药，学名土薯。人类自古食用，据说杜甫诗中曾有“充肠多薯蓣”的字句。小时候，四五月青黄不接时，全寨子的人都会到山上寻找可以吃的东西，除了找藤叶植物外，还得找一些可以贮存的根茎植物，那时最大的愿望就是能发现和挖掘到一些蓑衣包或青山药。蓑衣包相对好挖，但味道和营养价值不如青山药。青山药不仅味道好，还耐饥饿，在那个年代是全寨人最向往的食物，但比较少，偶尔发现它的藤子，还得叫来大人把深埋土中的根茎挖出来，有时挖了半天，竟然只有手指头大小的一小根。我父亲说：“能挖到青山药的人和能徒手捉到黄鳝的人是有福气的人。”我从来没有挖到过青山药，也没有空手捉过黄鳝，所以一直都自认为是没有福气的人。好在近十年来江城百姓生活逐步富裕，挖山药卖的人也越来越多，才让我等爱吃山药的人了却了心愿。

在根茎类野菜中，我认为最好吃的是青山药，但它在《中华本草》里记载的竟然是草药。说它有滋养强壮、消化止泻、收敛虚汗的功效。《本草纲目》中说它有补中益气、强筋健脾的作用。特别神奇的是山药主治脾虚腹泻、便频遗精、慢性肠炎，甚至可治糖尿病。糖尿病可是当今多发的病症啊。说明它可以药、食两用。山药遍及大江南北，只是受区域气候影响，有点细小的差别。内地省县有人大量栽培，产量很大，但江城至今都是吃野生的。江城的山药肥厚甜绵、带有黏性，无论如何吃都是美味。江城人一般配上点排骨后清汤煮，也有人煮沸后剥皮食用，简单方便。

大白花 是江城最常见的野生花卉，二三月时特别多。这个季节江城很多人都到山上拔笋子、采百花，图好玩，吃新鲜。如果你不想辛苦流汗，那可以到市场上买。价格是每斤十元左右。做大白花菜比较简单，先用开水烫一下，滤干，配上些腊肉、豆豉、骨头生，再放上些大蒜爆炒，味道特别鲜美。

在江城吃野菜，最为常见的吃法是凉吃，或蘸面酱，或凉拌。比如海船、蕨菜、树须、小苦笋、树头菜、地石榴、水木耳、灰条菜、马蹄根、鱼腥草、民国草、三丫果皮、象耳朵叶。

其次是炒菜，如野姜苗、白藤花、酸茎菜、臭菜、犁板菜、苦凉菜、苦藤叶、苦藤花、金银花、野莴苣、野荞菜。

煮的也不少。比如甜菜、芭蕉胎、刺包菜、野枸杞、董棕心、金刚钻、野山药、蓑衣包。

当然，江城的野菜种类成千上万，做法、吃法也花样百出，除非写本大部头专著方能一一列之。最好的办法就是动手、张嘴亲自品尝，其中美味定能知晓。

六、天天可吃

前面所说的江城美味，由于自然气候和四季变换，并不是说想吃就能吃到的，需要你有福气遇到。但以下的菜你却可以随时到江城享受。天天可吃，百吃不厌。

黄牛烂烀　大凡来客人，江城人大都会推荐吃黄牛烂烀。之所以如此，一是江城黄牛肉质好。黄牛长期生活在高山峡谷中的狭小区域，很难与外来品种杂交，个体较小，很像麂子。因其小如狗，又有人形象地称之为狗牛。江城地广人稀，黄牛放牧野外，肉质细嫩。正如人们爱吃土鸡一样，江城人或来江城的人也喜爱吃土生土长的黄牛肉。其二是这道菜制作简单。凡是黄牛身上的部位，无论大头、四脚、肋肉、排骨，还是肝、脾、肠、肚，处理干净后都装入大锅内清汤沸煮几个小时，待头脚皮都烂熟时就可以取出来享用了。因要长时间烹煮，特别是要把头脚皮都煮烂，所以江城土话叫烂烀。其实就是外地叫的汤锅。

北京客人曾问我江城人为什么要把牛身上各个部位的肉混合做成烂烀？其实一道菜的形成演变是有历史渊源的。江城是一个传统

的农业县，自然条件虽然优越，但因交通等多种原因，生活比较贫困。现在要杀头牛吃都得掂量一下口袋里的钱，何况过去的贫穷年代。牛是农业社会的重要劳动力，除非年老体弱或受了重伤，寨子里不会轻易杀一头牛。过年过节时杀的牛也不可能年轻力壮。一个寨子几十户人家杀一头牛，肉少人多。那时又讲平均主义，除了皮子必须留下来打成耕索外，无论是头脚筋骨，还是心肝肺腑，都要按户头平均分配。如此材料如果想单独做成一碗菜是不可能的，只有一个办法就是一锅煮，这就成了江城特色的烂烀。

不过江城人吃烂烀，一定要用盐巴、辣子、花椒、薄荷、香蓼等佐料做一大个蘸水碗，蘸着佐料慢慢吃，这才有滋有味。前几年外地人来江城都会到老憨生态牛肉馆品尝一下这道菜。可惜老憨牛肉馆已经不开了，不过还有一家江城牛肉馆，天天做烂烀，不怕客人吃不到。实在不方便时还可以上街去买肉来家里自己做。

拌红　江城人家过春节必杀猪，就算今天物质已经非常

可怕的拌红

丰富了，杀猪饭仍然不可或缺，吃喝什么不像以前那么重要，重要的是一种气氛，通过杀年猪创造一个平台，亲朋好友乘机聚会畅谈。许多人家会做一道比较独特的菜叫拌红，就是用生猪血加佐料拌肉片。据说哈尼族、彝族的祖先去打猎时有一次打到一条马鹿，人们生火烧肉，烧出的肉烫着手不慎掉在血淋淋的皮子上，再捡起来吃时感觉沾血的肉更加鲜嫩可口。其他人便纷纷效仿，从此无论打到什么动物都会烧来沾着血吃，慢慢地演变为今天的拌红。拌红最讲究血，杀猪前必须认真挑选，不能是病猪或下过仔的老母猪。杀时还得请高手，一刀进去不能带出脏东西。如果要做这道菜，杀猪时安排一个人用盆接住刀口喷溅而出的鲜血，用几根筷子不停地搅动，把血丝、血沫全部弃掉，血就不会凝固。然后取几块瘦肉烧好切成片冷却，加进茎菜、芫荽、花椒、辣椒、盐巴和炒过的碎花生等配料，倒进准备好的猪血认真搅拌就可以了。这时候每片肉都被血浸泡、染红。虽然吃的时候满嘴血色，但味道香甜鲜嫩，是一道真正色香味俱全的美食。以前杀猪几乎家家都要做这道菜，我是百吃不厌。如果哪家没有这碗菜，就像没有吃到杀猪饭。

也有人用羊血做拌红。2011 年春季，我陪北京来的专家到三国庄园做规划，庄园的主人杀了只羊，还特地做了一碗拌红。不过和猪拌红不同，杀出来的血只是简单搅拌一下就故意让其沉淀，犹如水豆腐，配上佐料用勺子舀吃。其实我没有吃过这类的拌红，但在北京专家面前大吹特吹说羊拌红如何新鲜、如何滋补，讲得北京专家蠢蠢欲动却又有所顾忌。他说想吃但又有些害怕，最好让我先喝一碗试试。牛皮吹大了，我只好硬着头皮喝了一碗，还咂着嘴装模作样地说太好吃了，不吃太可惜了。骗得北京专家终于喝了一碗，他也点头称赞说味道鲜美、值得一吃。

可惜现在由于卫生知识的普及，加之许多彝族、哈尼族信仰基督教，养成不吃血的习惯，现在到农村已经很少吃到这道菜了。

七、陈年牛皮也是菜

傣族有一道非常特别的菜，虽然他们有做此菜的传统，但因过程费时，如果不预约是无法吃到的，这道菜就是凉拌烤牛皮。我经常流连在傣族村寨，多次做客，却从来没有听说过这道菜。我常到老挝，看见当地人特别爱吃牛炮皮，那是牛皮在油锅里炸出来的，比较香脆。牛炮皮封在塑料袋里当作小食品一样卖，有点像中国的干巴丝，无论是大商店还是农村小卖部都有。有一次深夜我到琅勃拉邦，肚子咕噜叫，便买了一袋牛炮皮就着享誉世界的老虎牌啤酒在小吃店里享受，牛皮干脆清香，确实好吃。中央电视台《远方的家》栏

焦牛皮与佐料

目组来江城拍摄时，我带他们到整董寻找素材。晚餐吃傣味时，饭店主人玉珊推荐了凉拌烧牛皮。我问她为什么推荐这道菜，她说一般人吃不到这道菜，傣族人家一般人也做不出来，因为要有干牛皮。一般村寨很少杀牛，即便杀也不会特意储藏牛皮。她说储藏牛皮也很讲究，杀牛时趁牛皮柔软时把它切成巴掌大的块片，先在烈日下简单地晒干，然后在明火上烘干烟熏。这样既可以防止腐烂，预防苍蝇下蛋，保证卫生，又便于放在干凉处贮藏保存，以备用。我问她有牛皮吗，她说她家是开饭店的，她家有储藏。我与导演赵彬商量决定第二天早上就上她家拍摄制作这道特殊菜的全过程。

第二天早上，玉珊取出储藏的干牛皮放在火塘上慢慢烧烤，待大家都闻到香味时取出来用刀认真刮去焦煳的外表，放入锅内加水猛煮。二十多分钟后，玉珊用筷子戳了几下，说可以取出来了。这时干硬的牛皮已经软化，玉珊将柔软的牛皮取出来切成手指大的条状，说主料已经做好，下面得做佐料了。

玉珊说完从屋檐下取出一小束野果，问是否认得这个东西。我说当然认得，我们江城人称它盐酸木果。此果八九月结，果上会长出一层白白的粉盐，其中有些酸、有些咸，所以叫作盐酸木果。农村许多人摘来与萝卜叶一起舂吃，是一道很不错的小吃。她说其实做这道菜除了准备牛皮外，还要提前准备一个佐料，就是我手中的这个盐酸木果。玉珊说平时得把盐酸木果从山上摘来后挂在屋下阴干备用。主持人谭文颖取下几颗尝试，说有一点点酸味和咸味，玉珊说要的就是这种味道。这道菜如果用酸菜或醋来做就太酸了，用现在的食盐也没有传统的口味。我补充说可能以前的傣族人缺少盐巴，所以用盐酸木果来代替，反而弄出特殊的味道来了。玉珊说可能是吧，边说边把盐酸木果放在火上烘烤。主持人问为什么还要烘烤，玉珊解释说先烤脆后容易舂成碎末。

烘烤好盐酸木果后，玉珊取来江城特有的细米辣，用长竹签串在一起也放在火炭边慢慢烤，等其干脆后与盐酸木果一同放入碓窝捣碎。玉珊又切了一些姜、蒜、芫荽等佐料放在小碓窝里舂碎，边舂边说现在这个季节很难找到山上的大芫荽，要是找得到是最好的佐料。

所有的佐料弄好后倒进小盆里与切好的牛皮细细搅拌，特殊的凉拌烤

牛皮就做好了。

第一个吃这道菜的当然是主持人谭文颖了。她边访边吃，说这个牛皮，闻着有香味，嚼着有筋骨，特别适合小女孩的口味。她走过许多国家和地区，从来没有吃过这样特殊的牛皮。闻着牛皮的香味，又听谭文颖如此解说，弄得旁边的我们口嘴生津。等录好节目，我们一拥而上尽兴饕餮、风卷残云，转眼皆无。这道菜没有熏眼流泪的辛辣，没有龇牙咧嘴的酸楚，也没有扑面而来的浓香，只有淡淡的辣、淡淡的酸、淡淡的香，犹如傣族淡淡的品性。

一块干硬的牛皮竟然做得如此可口，确实是一道风味特别的传统好菜。

江城好吃的菜太多，数不胜数。这些都是大自然对江城人的恩赐。生活在江城就要懂得艺术地吃，当然也要吃得艺术。为了方便记忆和总结，我曾挑出红、黄、白、绿四种色彩的菜作了一首打油诗：红菌红拌三丫果，黄牛黄蜂面瓜鱼。白花竹虫青山药，树蕨龙爪玉蝴蝶。天飞水游来入口，树上地下皆为食。

❶ 盐酸木果凉拌烤牛皮

❷ 猪肉现烤现卖

我唱歌来你跳舞

歌舞，在江城各族人民中就如阳光雨露一样不可或缺。不论在大山上还是在田野里，歌会如影随形，舞是心情宣泄的独特语言，歌舞是江城人的生命旋律。

江城人能歌善舞，世代传承，发展丰富着自己的民族民间舞蹈。据《云南民族民间舞蹈集成·江城资料卷》载：全县各民族共有 53 个舞种、170 种跳法。这些舞蹈大体可分为四类：表现人们生活过程的舞蹈如《切托托地呼噜噜》《巴姆巴拉撇列列》等；模拟动物形象的舞蹈，如《羊撕打》《小白鱼翻身》等；表现欢乐情绪的自娱性舞蹈，如《阿迷车》《烟盒舞》；祭祀舞蹈，如《跳神》《打斋》等。

各民族的舞蹈中，最流行的是跳笙。哈尼族的民间舞《嘎尼尼》伴以铓、鼓或竹筒的打击节奏，呈现出十分优美的舞姿，自娱性与表演性相结合；彝族流行跳笙，乐器有烟盒、小鹿皮鼓、三弦、风琴、葫芦笙、地芦秆、口弦等；傣族舞蹈，因支系不同而舞蹈各异，有《单刀舞》《象脚鼓舞》《杆子舞》《毛巾舞》等；瑶族舞蹈基本属于祭祀舞，有《开路舞》《度戒舞》等；拉祜族流行

《跳笙》《拍屁股笙》，乐器有葫芦笙、小三弦等。

一、芦笙一响脚杆痒

过去，山里人因交通闭塞、村寨分散，要进行交流活动，寻找自己的爱情，只有通过对歌、跳笙这一平台，来表达对爱情的追求与忠贞，从中寻找自己的心上人。每年秋收结束后，就到了人们对歌、跳笙的时节。对歌场面激情四溢，有着“不唱赢来不认输”的气概。每天晚上，不是这个寨子的男青年邀约一起与另一个寨子的女青年对歌，就是同一个寨子的男女老少同场竞技，“要唱歌来趁月明，要跳舞来上草坪；单个跳歌不好玩，众人歌舞才欢心。”年纪稍长的男性，有的弹三弦，有的吹芦笙，带头跳起“三跺脚”，其他人也跟着节奏舞动。跳笙时，无论人多人少围成一圈，在三弦和

彝族妇女跳芦笙

傣族象脚鼓敲起来

芦笙的伴奏下，边跳边唱，场内任何人都可以信口编出曲子唱出，每唱两句，众人皆以“阿苏者瞧着，徐苏者呢摇着”合呼。整个场面进入了“自腌腌菜才有味，自编山歌才自然”“哥唱两百不算多，妹差一百以后还”和“一唱唱到大天亮”的快乐境界。

跳芦笙大多在各民族重大活动期间举行，也有在丧葬、祭祀中举行的，但在丧葬、祭祀中的跳芦笙与节日中的跳芦笙却有不同，芦笙的种类不同，吹奏的曲子不同，舞姿也不同。“跳芦笙舞”一般可分为跳芦笙、跳三弦、二折一、三脚舞、跳歌等等，大多伴以芦笙、三弦、唢呐、笛子、二胡、响篾，也可以在没有这些乐器的时候打击木、竹来伴奏。其中，跳芦笙因芦笙伴奏而得名，跳三弦以三弦伴奏而得名。无论是跳芦笙还是跳三弦，都可以配以“曲子”进行独唱和对唱。独唱一般为娱乐助兴、喜庆祝贺，起到抛砖引玉、活跃气氛的作用。对唱不仅娱乐助兴，更是展示个人综合素质、表情达意的最佳表现形式。

跳芦笙动作不算复杂，合着芦笙或三弦欢快的节拍，双脚踏着领舞者的舞步，摆动双手，抖动全身的每一块肌肉，围着火塘或桌子翩翩起舞，按逆时针方向周而复始尽兴地跳个不停。一般人十来分钟即可学会。但既然跳笙，就得唱曲子，如果只跳不唱，不算尽兴。又唱又跳，男女老少兴致勃勃，芦笙声、三弦声、曲子声、和声，声声响彻云霄。“跳笙要跳三跺脚，跳起黄灰做得药。”跳笙时都要唱曲子，曲子可以是独唱，也可以是对唱，有的是规整的，有的是见“子”答“子”式的即兴自由发挥。其套路有苍蝇搓脚、羊打架、倒四龙、三跺脚、一步翻等，其风格特点是粗犷纯朴、热情奔放。跳歌跳到迷醉时，情绪亢奋，直至通宵达旦。这种跳笙、对歌活动，不但为男女青年提供了接触异性、寻找爱情的机会，而且成了人们农闲时的一种娱乐方式。

对唱是跳芦笙中的重头戏，对唱中常常浪涌峰高，到午夜时分，好客的主人家为答谢前来祝贺的人们，就会在跳场中央的桌子上摆上糯米酒、糖稀饭、糖果、茶等丰盛的夜宵。人们品尝过这些夜宵后，跳笙即转入对唱阶段。但此时，老人、小孩也因夜深疲倦，就会相继离去。只剩下那些所谓的“平帮时辈”，那些全身都是曲子细胞的“曲子王”你方唱罢我接腔，曲调更富于“情趣”，对唱时你来我往、唇枪舌剑，如果哪一方答不上来就算输，就得乖乖败下阵来。

遇到高手过招、巅峰对决，让听的看的享受的是紧张、

民间艺人吹奏葫芦笙

刺激、精彩、够味……此时，主人就会把奖品——猪头供奉在桌子上，谁赢了猪头就归谁。如果要是巧遇双方是“三天三夜不翻旧地”的高手，无法在一天一夜之内决出胜负，跳笙往往会持续几天几夜。正如曲子中所唱：“不开腔来不开腔，开起腔来占地方。不上场来不上场，上起真场难退堂。”

二、哈尼舞蹈：山的豪情

“会说话就会唱歌，会走路就会跳舞。”哈尼族民间舞蹈自由地表现舞者内心的喜悦，既单纯又轻松，随意性极强，极易沟通人际间的真情实感。由于现代生活节奏的加快，往往更容易接受这种简洁、明朗的艺术风格，以缓解身心疲惫，达到心理和生理上的平衡，这种对艺术简朴稚拙的美学形态的渴求，必然导致人们对民间舞蹈艺术的青睐。

哈尼族人无姓氏，采用父子连名制，即父名的最后一个字为儿子的第一个字。如父名叫接列略，儿子就叫略目腊。正如《阿迷车》的唱词：“车阿迷车，车车各跌，跌跌锅默，默默锅西，西西迷勒，勒勒哈合……”“哈尼”的意思，据说是“居住在半山腰的人”，从哈尼族父子连名习俗和有关语言分析，“哈尼”一词是构成飞禽走兽和女性与人的名称的词素，“哈”具有勇猛强悍之意，比喻哈尼族人像飞禽走兽一样勇猛、矫健。“尼”与“咪”是同义的变音，不仅仅具有人的含义，而且还具有女性的含义。“哈”与“尼”连接起来，既是强调母性的伟大，又与动物相区别。

歌舞《阿迷车》是反映哈尼人迁徙、定居、劳作、生活的古儿歌，整个旋律欢快、简洁，舞蹈动作随性、自然，是江城哈尼族最为著名的歌舞之一。

《嘎尼尼》是哈尼族祭祀时摩庇和着铓锣鼓的节奏跳的一种祭祀舞。舞者转肩、颤蹲、扭胯、两手弯曲摆甩，在舞蹈中祈求风调雨顺、五谷丰登、六畜兴旺、家庭和睦、安康幸福，极富有哈尼族

群的文化艺术特色。近年来，《嘎尼尼》成了逢年过节必跳的娱乐舞蹈。“猴子舞”“筷子舞”“老鹰舞”“毛巾舞”“铓鼓舞”节奏感强，舞姿轻松洒脱、韵味醇厚，感情真挚、热烈，大多可即兴发挥，被称为是哈尼族的“迪斯科”。嘉禾乡鲁巩腊米人，每年农历二月择吉日祭竜，男女老少都要在竜林里跳起《嘎尼尼》，那舞姿时而似老鹰展翅，时而似猴跃于林，时而又似虎刚劲急驰、狮威猛万均。

❶哈尼节

❷哈尼节上迎宾舞

哈尼族民间舞蹈在表现人们的生存、劳作的形态时，没有那种矫揉的修饰和生涩的理性，而以简朴稚拙的美学形态

笛子演奏

为人们所感悟，以真挚、浓郁的情感撞击着人们的心扉。它们质朴、拙稚，散发着泥土和野草的芳香，间或还杂糅着丝丝汗味。

哈尼竹筒舞 源于哈尼族原始宗教仪式中击打竹筒、驱赶野兽邪魔的习俗和对竹的崇拜。每逢祭祀之夜，祭师（龙巴头）开始以竹筒击楼板发出第一声击打声，于是全村人都手持竹筒击打自家楼板发出响声，以此驱邪除魔、消灾避难。后经一辈辈人加工创造，演变成了今日的竹筒舞。

铓鼓舞 是哈尼族在传统节日“昂玛突”上跳的一种祭祀舞蹈，舞蹈雄浑豪放、气势轩昂、质朴劲健、热情洒脱，表现出哈尼族人大山一样的性格、森林一样的情怀。随着社会的发展，他们又模仿农业生产的农耕动作，使铓鼓舞得到了丰富和发展，特别是铜的发现和利用，开始有了镲，成了名副其实的镲鼓舞。镲代表谷子饱满，鼓代表谷子粒多。现在的镲鼓舞是祈祷庄稼饱满、粮食丰收或庆贺节日喜事的一种主要舞蹈。

三、彝族舞蹈：火的热烈、水的奔腾

歌舞是彝族人民生活中的一项重要内容，多数是模仿生产劳动时的动作而成。古老的舞蹈有模拟动物形象的“斗鸡”“斗羊”，象征战争的“跳钗”“刀舞”，庆丰收的“大鼓舞”等。在彝族人民欢庆年节期间，可以看到来源于中原文化的舞蹈《竹马》和《高跷》。在彝族举行祭祀祖先、祈求丰收的仪式时，可以看到《木鼓舞》《铜鼓舞》《羊皮鼓舞》等。这些舞蹈均由巫师“毕摩”和“苏叶”表演，在击鼓的同时，以迅速摆动双肩、胸、胯为主要舞蹈语汇。此外，在“跳宫节”表演的《跳宫》《跳麒甲》等舞蹈中，仍保留着古代狩猎、部落战争的痕迹，以及战士出征、作战、凯旋的情景，以此来表示对古代英雄的怀念。

彝族舞蹈有五种类型，分为打歌、跳弦、罗作、跳三弦、披毡舞。前四类舞蹈源于彝族古代生活，第五类是模仿鹰、熊的舞蹈，与彝族古代的多神和图腾崇拜有关。这类动物模拟舞蹈，逐步从祭祀仪式中分离出来，并不断添加着各个时代的审美意识，使之成为专供人们欣赏的表演舞蹈。

自娱性舞蹈《打歌》包括“打跳”“跳脚”“左脚舞”“跳歌”“跌腿”“跳月”（跳乐）等圆圈舞，与汉族古代的《踏歌》极为相似。每当节日和喜庆之时，人们挽手围圈，载歌载舞或随乐而舞，舞蹈始终以下肢动作为主。

《跳弦》因舞者双手持“烟盒”边敲边舞，故也被称为《烟盒舞》。《烟盒舞》分为“正弦”和“杂弦”两类。“正弦”融双人自娱性舞蹈与表演性舞蹈为一体，主要传统段子有《哑巴砍柴》《鸽子度食》等，舞姿优美轻盈、活泼风趣。而“杂弦”则是在“正弦”的基础上进一步发展而来的，是一种表现人物、具有故事情节的歌舞小品。其中《哑巴摸鱼》《童子拜观音》等具代表性的节目达百余种。当地所流传的“是人不跳弦，白活几十年”的口头禅，可说明《跳弦》在人们生活和心目中所占据的重要位置。

《罗作》也称《罗索》，曲调欢愉跳跃，节奏鲜明强烈，伴之以快速摆手、错步、踏脚等舞蹈动作，特别受到青年们的喜爱。民间的传统舞蹈有《烟盒舞》《勒果勒》《四弦舞》《跳笙》《七姑娘》《拍拍手》。

有一个关于《花鼓舞》的民间传说：古时，有个能歌善舞的美丽彝族姑娘在洗瓦罐的时候，无意间拍打了罐口，瓦罐便发出了咚咚的声响，她觉得很好听，在上山砍柴时便取回一根空心树，蒙上羊皮，用木棍一敲，其声音特别悦耳动听。从此以后，彝族人民就有了自己的鼓以及跳花鼓的活动。

彝族《左脚舞》有一千多年的历史，早在康熙四十一年（1702 年）就有关于《左脚舞》最早的文字记载。传说很久很久以前，有一条恶龙兴风作浪造成洪灾，两位彝族青年阿里和阿罗勇敢地站出来，前去制服恶龙。彝家人民在阿里和阿罗的带领下，一齐向恶龙开战，恶龙见势不妙，赶紧逃回龙潭。人们抓住时机，把事先烧红的栗炭往潭里倒，倒满后又抬石头、挖泥土，把龙潭填平。还怕夯压不紧恶龙翻身，就在上面燃起篝火，边唱，边跳，边跺脚，三天三夜恶龙终于死去。为了庆祝胜利，彝家人用恶龙的头、皮、骨、筋制成月琴，聚到一起跳脚、弹琴，口唱左脚调“阿里罗”以示纪念。

彝族被称为火的民族，特殊的自然生态环境和人文环境，使得彝族的舞蹈风格具有高原粗犷、豪放的特征。彝族舞蹈种类繁多，舞蹈动作大多刚劲有力。打歌是彝族最常见的一种自娱性舞蹈，跳时人们相互挽臂，面向熊熊篝火，脚下踏地为节，且唱且舞。在打歌高潮时，在男声高八度的音域里，女声边舞，边用假嗓应声高

彝族舞蹈

唱“罗哩罗，罗哩罗哩罗”，意思就是“虎哇虎，虎哇虎哇虎”，这是对祖先的怀念和呼唤。舞蹈节奏中舞者们高亢的歌声、强健的脚步、急促的呼吸声，通过紧紧依靠的身躯将热情传播开来，使人们沉浸在通宵狂舞的气氛中。

彝族人民生活的地区环境恶劣，从而形成了粗犷豪放、坚强刚毅的民族性格。崇火、崇虎的原始崇拜塑造了热情、强悍的民族特性，造就了彝族舞蹈热烈奔放、节奏明快的动律特点。

彝族舞蹈常常通过富有民族特色的服饰和道具来增强动态美，扩大彝族舞蹈的表现力，彰显独特的民族艺术特色。彝族崇火，很多舞蹈道具都与火有关。《烟盒舞》是彝族人常跳的舞蹈，舞蹈因手持烟盒，弹指而舞而得名。

彝族舞蹈造型的雕塑感不强，但彝族都有高原舞蹈“一顺边”的造型特点。高原民族在生活和劳动中，由于山路崎岖，人们上山下山，尤其是带着重物时，一侧脚步着地，身体重心多移向一侧，双手也随向一侧自然微摆，逐渐形成了既省力又能减少危险的顺手顺边、保持平衡的“一顺边”体态，这种体态慢慢成为日常生活的基本动态，并逐渐升华为“一顺边”的艺术美，成为高原民族共同的审美理念，也形成了高原民族舞蹈中“一顺边”的艺术造型和文化现象。

四、瑶族舞蹈：道风遗韵

江城瑶族大多是蓝靛瑶，他们自称是“过山瑶”和“板瑶”。历史上，他们一直是游居的农耕农牧民族，其生产力极其低下。为了族群的生存与发展，产生了极为严格的“寨老制”。

瑶族舞蹈在“盘王节”“度戒”“打斋”等重要活动时才跳，主要有《开路舞》《道公舞》《开山舞》《阳碟舞》《镲舞》《铃舞》《鼓舞》《花腰带舞》《度戒舞》《盘王舞》。其中以盘王舞最具特色。伴着长鼓声，舞者时而翻腾、时而旋转、时而跳跃，动作大多是模仿开荒、播种、造林、伐木、狩猎等内容，节奏复杂多变。

《戒尺舞》《引路舞》等传统祭祀舞，舞者屈膝伸腿、摆胯游走，双手持道具或打击乐，上下交叉舞动，打击乐跟随着舞步，舞步和着诵经的节奏，神情庄重，与神共舞，一起祈祷“度戒”或“盘王节”的成功。祝福山寨风调雨顺、四季平安。

古文字中“巫”与“舞”同义，说明当时巫

是以跳舞事神为专业的人。“舞”字出现后，说明舞者不一定是巫，也不专门事神，扩充了舞蹈文化的内涵。

瑶族的舞蹈与狩猎、农事和祭祀等有着密切的关系，同时，瑶族传统的鼓、歌、舞又常常融为一体，即鼓之、歌之、舞之，主要有《长鼓舞》《铜鼓舞》和《陶鼓舞》等。

大长鼓还有公鼓和母鼓之分。公鼓腰细而长，母鼓腰粗而短。演奏时，将母鼓横于胸前，以右手拍右端的鼓面，发出“嘭”音，左手用竹片打击左端鼓的边沿，发出“啪”音，即“嘭—啪啪，嘭—啪啪”的节奏。公鼓，是为了配合母鼓演奏的，公鼓音高，母鼓音低，音域宽广，远近可闻。舞蹈时，时而鼓声“嘭—啪啪”，时而男女同声高歌，时而鼓、歌、舞交织为一体，充分表现了瑶族鼓文化的艺术风格。

瑶族舞蹈

《长鼓舞》是瑶族民间歌舞的典型代表，其特点为演员众多、道具独特、编排古朴、独具一格。主要在还愿的时候进行，还愿即祭祀传说中的“盘古大王”为始祖的历代先人。舞蹈一般在还愿的第二天清早开坛请圣完毕后进行。表演时，鼓手左手握住长鼓的鼓腰上下翻转，右手随之拍击，边舞边击。表演形式主要有 4 人合舞、双人对舞等，动作主要有造屋、制鼓、耍鼓、模拟动物、祭祀等。舞姿刚健，风格淳朴。有的还可以在一张八仙桌上手舞长鼓、边打边跳。一般以唢呐、锣鼓伴奏，有时也唱《盘王歌》来助兴。这种表演人数不限，可一村一寨的人参加，也可同宗同族进行，舞者有男有女。

《铜铃舞》是一种宗教祭祀性舞蹈，主要在盘王节、度戒活动中表演。铜铃上系有虎牙装饰品，绑着小红花。一般为乐舞，也有双人舞，锣鼓、钹等乐器伴奏，舞者右手持铃、左手持法木，乐舞者以左脚支撑身体，右脚则伸出画地一圈，同时向右转身 90 度，手有节奏地摇动铜铃，时而前摆摇铃，时而举铃于头侧，并随身体转动而变化，舞蹈中还伴有下蹲后转身和半蹲双脚小跳步等动作。双人舞则两人均右手持铜铃、左手拿法木，举过头，弓腰弯腿从两侧出场，然后侧身相追，走小圆场。随后或原地相对，或左右转向摇铜铃，或弓步、矮步相追走小圆场，或两人相向跪地，双手把铜铃和法木举过头摆动。

五、傣族舞蹈：柔若水、刚若雷

傣族是世界上最早的稻作民族之一，他们滨水而居，爱水、祈水，对水有着特殊的感情。在傣族的神话里，造物主英叭原来就是天空中的水汽，而人则是用水和泥土捏塑而成的。

江城的傣族主要聚居在整董，其族系分为旱傣、水

傣、白傣、花腰傣。

傣族人民勤劳勇敢、温柔善良。他们礼貌温和、外柔内刚，智慧聪明而又幽默诙谐的性格像水一样，有时似涓涓细流，温柔而细腻；有时像滔滔江水，迅涌而澎湃。傣族舞蹈也充分反映了这种丰富多彩的民族性格。

傣族舞蹈种类繁多、形式多样，流传面也很广，且各有特点。傣家男子的《刀舞》《拳舞》《象脚鼓舞》动作主要有蹲、击、闪、掏、抡、转、踹、砍等，每招每式都尽显轻巧、机灵、洒脱。傣家女子的《孔雀舞》则以柔美的身段，善变的三道弯，纤巧灵动的手指，展现出婀娜之美。

傣族自娱性舞蹈有《嘎光》《象脚鼓舞》《耶拉晖》和《喊半光》等，其中最具代表性的是《嘎光》和《象脚鼓舞》。"嘎光"系傣语，"嘎"为跳或舞，"光"泛指鼓，也有集拢、堆积的意思。"嘎光"可译为"围着鼓跳舞"，此舞是傣族最古老的舞蹈，是在年节喜庆时，不分男女老少，不分场地，都可以跳的自娱性舞蹈。《嘎光》以象脚鼓、镲等民族打击乐伴奏。但有的地方，敲鼓、镲的人也参加舞蹈，并且带领众人围圈而舞。过去，跳舞时众舞者可以随心所欲地各自发挥，只求热烈欢快。现已发展了很多统一动作和套路，动作与套路的名称各地也不尽相同，并且已派生出一些舞蹈节目，如青年人跳的《新嘎光》就有三十多个套路。还有两名中老年妇女抬大铓跳的《嘎铓央》以及老年男子跳的《嘎温》（软舞）等等。

❶ 泼水节上的傣家少女

❷ 傣族棍舞

《象脚鼓舞》是自娱性兼表演性的男性舞蹈。象脚鼓是根据鼓的形状而取的名称，傣族一般统称

"嘎光"，但对长、中、小三种象脚鼓又各有别称。这种舞蹈以击象脚鼓而舞为主，也可用铓镲伴奏，也可鼓镲对舞。

长象脚鼓舞，傣语称"嘎光绕"，长象脚鼓多用于伴奏，可以打出丰富多变的鼓点。可边击边独舞，在展现击鼓技艺的同时，以长鼓尾的大幅度转动展示优美的舞姿。

中象脚鼓舞，傣语称"嘎光武杰"或"嘎光黑拉"。跳时一般是背鼓转圆圈而舞，可二人对舞，也可与击镲者对舞。

小象脚鼓的鼓身长约六十厘米，因鼓小轻便，可灵活舞动，因此小象脚鼓舞以竞技为主，一般是双人对舞。舞时有击鼓追斗、退让躲避、踢腿斗脚等动作，以把对方头上的"包头"摘下为胜。

《耶拉贺》是自娱性歌舞，过去只在泼水节时由男性跳，现已成为男女老少皆可参加的集体歌舞形式。这种歌舞动作简单，舞时可自由发挥，但曲调固定，只要有人即兴填词并带头唱，众人即可和唱。由于在唱句的尾声齐呼"耶拉贺，水——水——水——水——水"，所以这种歌舞便叫《耶拉贺》。

泼水节上的大刀舞

表演性舞蹈有《孔雀舞》《大象舞》《鱼舞》《蝴蝶舞》《篾帽舞》等，最具代表性的是《孔雀舞》。表演《孔雀舞》时，舞者头戴宝塔形金冠及面具，身背孔雀架子道具，以象脚鼓、镲等乐器伴奏，有独舞、双人舞、三人舞及歌舞剧等表演形式。

各地《孔雀舞》的跳法都不一样，以表演者各自不同的技艺特长而形成了各种不同的风格。独舞、双人孔雀舞也称"凡南诺"。"凡南诺"可译为"雀公主舞"，此舞主要表现雌雄两只孔雀飞翔、相对而舞等情景。

在李仙江右岸的坝溜和土卡河，栖居着人口不多的白傣。那里炎热而多雨，日常生活和劳动中都离不开斗笠，因而有了《斗笠舞》。《斗笠舞》的动作有"扛帽""体前滚帽""滚肩帽""摆帽"等，舞时膝部起伏柔和，略呈三道弯造型，但不明显。其他舞蹈有《扫地舞》《毛巾舞》《绕花舞》《划船舞》《篾帽舞》等。

佛教对傣族舞蹈有着深刻的影响。《蜡条舞》傣语称"戛甸"，是一种表演性的仪式舞蹈，它是从赕佛中演化而来的一种舞蹈。舞蹈柔婉、含蓄，常用坐、立、跪及起伏步、抬前旁、后屈腿等步伐，双手托住点燃的蜡条，做掏手、向外划圆等动作。

傣族村寨流传的"祭祀舞"以鼓为伴奏，是在祭祖活动时竜头在祭台上边唱边舞，群众在台下自由舞动的祭祀性舞蹈。宝藏镇水城村的傣族居住地有"祭竜神""耍竜""耍刀""跳舞"等舞蹈。"跳舞"是神来之舞，喝酒间一个或两三个舞者，都模仿战斗时的动作，没有固定形式和队形，舞者随心所欲地变换位置，只求情绪高昂，气氛热烈、奔放，整个舞蹈有如神来之舞。

退休干部自弹自唱

傣族另有一类武术性舞蹈，产生的年代也很久远。傣族经历过封建领主制社会，成年男性平时是农奴、战时是士兵，

老年人在阿迷车广场跳芦笙

必须学会一些舞弄刀、枪、棍、拳的技能，以备防身和参加战争。今天的傣族男子也继承了这个传统，但他们习练的刀枪棍拳，已融进不同风格流派，表演时还用鼓等进行伴奏，已成为舞蹈化的武术。

傣族舞蹈的动作虽大多婀娜多姿，但外柔内刚，充满着内在的力量，既有潇洒轻盈的《篾帽舞》，也有充满阳刚之气的《象脚鼓舞》《刀舞》《拳舞》等。傣族舞蹈以特有的屈伸动律而形成手、脚、身体"三道弯"的造型特点，以及刚柔相济、动静结合的表演风格，深为广大群众喜爱。

六、拉祜舞蹈：万种风情

拉祜族民间舞蹈种类繁多，均富有浓郁的生活气息，有表现动物动作的《白鹇舞》《小米雀舞》《鸡喝水舞》《青蛙舞》；有表现生产活动的《栽秧舞》《打谷舞》《丰收舞》《伐木舞》；也有表现生活情趣的《老人舞》《手巾舞》《三脚歌》《抬脚歌》等。

在众多的民族舞蹈中，尤以《跳笙》独树一帜。他们常常是男女老少团团围拢，在小三弦和芦笙、竹笛的伴奏下，跳起《小白鱼翻身》《羊撕打》《龙摆尾》《苍蝇搓脚》《老牛拉稻草》《双

插鸡卦》《领路笙》《斑鸠吃水》《两脚半》《公鸡领母鸡》《三跺脚》《合脚笙》《平马笙》《小歪脚》等。

感情是艺术作品的血液，民间舞之所以能为当代人体验、感悟，就在于它的内部有着千千万万劳动者宏大的感情血液在潜流、在澎湃、在激荡。它所抒发的是人之常情，是普通人能够理解、能够接受的感情，因而能拨动普通人的心弦。它极少受上层正统思想观念的影响，即兴发挥，呈现出截然不同、毫不造作的潇洒风度。

《芦笙舞》是拉祜族舞蹈中最富民族特色的集体舞蹈，多在春节和中秋之时跳，先由村寨长老在广场上放有稻谷、玉米、甘蔗、果品、茶叶等物的篾桌旁向神祈祷，然后全寨人在吹芦笙者的带领下手拉手围成圆圈，随着曲子边唱边跳，通宵达旦。领舞者多为男性，吹着芦笙、弹着三弦居于舞场中心，一边吹笙、弹琴，一边领舞。众舞者将领舞者围在中间，和着芦笙和三弦的旋律边歌边舞。《芦笙舞》以“三跺脚”为主。

《摆舞》是拉祜族妇女喜爱的舞蹈，主要表现生产劳动和生活中的各种情趣，《摆舞》分为步法型和摆手型两类。前

金鸡龙马节上的舞蹈表演

者以下肢动作为主，后者以手臂动作为主。可用象脚鼓、锣等伴奏，也可单用口琴伴奏。

芦笙是拉祜族的主要乐器。拉祜族传说中，厄莎创造天地万物，又教会人们生产生活的技能，拉祜人为感激厄莎，在庄稼、瓜果成熟时派兄弟五人去请厄莎来尝新。五兄弟历尽艰辛来到厄莎的住处，却无法叫醒厄莎，于是吹响手中的竹棍，竹棍发出的优美声音把厄莎唤醒。后来，拉祜族根据祖先源于葫芦的传说，在葫芦上插上五根竹管制成芦笙，每年尝新节和春节跳起芦笙舞，表达对厄莎的敬仰和对来年幸福生活的祈盼。

我也来一曲

七、苗族舞蹈：舞醉彩云山花笑

江城的苗族大部分是20世纪末21世纪初从昭通、红河迁移过来的。

苗族男人有一个或几个芦笙是值得骄傲和自豪的事。如果你要是芦笙吹得好、舞再跳得好，那就成了苗家姑娘们的“抢手货”了。

《芦笙舞》（苗语称“究给”）是以男子吹“芦笙”同时以下肢（包括胯、膝、踝）的灵活舞动为主要特征的传统民间舞蹈。它流传广泛，普及各苗族地区。苗家人从儿童时代起就开始学吹芦笙和跳芦笙舞。凡是在演奏和舞技上出众的芦笙手和芦笙队，都深受群众的尊敬和爱戴。在过去，青年小伙子会不会吹芦笙、能不能跳芦笙舞甚至成为姑娘们择偶的重要条件之一。

相传盘古开天地时，大地一片荒凉。那时，苗族祖先是靠狩猎飞禽走兽做衣食的，为了解决捕获鸟兽的困难，一个机智灵巧的小伙子，在林中砍下树木和竹子，做了支芦笙模仿鸟兽的鸣叫声，引诱各类鸟兽。从此，人们每出猎均有所获，于是芦笙舞就成了生活的必需而世代相传。明人倪辂《南诏野史》有“每孟岁跳月，男吹芦笙，女振铃合唱，并肩舞蹈，终日不倦”的记载。足见芦笙舞早已是苗族人民传统节日活动的重要内容。

过去，芦笙舞主要在祭祀、婚礼、丧葬以及新屋落成时跳。后来，年节、欢庆丰收和男女青年进行传统社交活动时都跳。

自娱性芦笙最为普及，因对舞者年龄、性别不限，故参加人数甚众，通常在草坪、河坝或山坡空地上举行。常见的活动形式有两种，一种是男的吹小芦笙、女的持花手帕，男一圈女一圈地把一群吹大芦笙的舞者围在中间，踩着乐曲的节奏，轻轻地摆动着身体绕圈而舞。还有一种是由一对以上的芦笙手为领舞，众人（多为女性）尾随其后围圈而舞。有的地方还有高达丈余的特大号芦笙和各种长短不一的芒筒（一种用大竹筒制造的低音簧管乐器）在旁伴奏。自娱性芦笙舞，从动作特点上看，又可分为“踩”和“跳”两种，“踩”以两膝的轻微屈伸并踏着节奏向前移动为特色，“跳”以脚落地后下肢颤动，抬脚踹蹬，上身随之自然摆动为特色。前一种娴雅、端庄，后一种柔和、潇洒。

习俗性芦笙舞在每年过“花山节”时跳，“花山节”是男女青年联欢和选择配偶的佳期，这天所跳的芦笙舞，古时称“跳花”或“跳月”，多在月明风清之夜进行。苗族山寨一般都设有“跳月”的月亮场或“跳花”的花场。“讨花带”是小伙子边舞边吹着芦笙曲向自己爱慕的姑娘“讨花带子”求爱的活动。在这种场合，姑娘若与小伙子情投意合，就会把自己精心编织的花带，含情脉脉地拴在小伙子的芦笙上。这种歌舞以芦笙吹歌传情为主，所以舞蹈动作幅度不大、舞步也不复杂。“牵羊”是男青年在前面边吹边跳，尾随而舞的姑娘若爱上了某个小伙子，就把自己亲手编织的美丽花带作为定情的信物，拴在他的腰上，然后牵着花带的一端，跟在小伙子身后踏节而舞的舞蹈。技艺出众的芦笙舞好手，有时竟会同时牵着几个姑娘舞动。当然，在这种情况下，最终能与谁成眷属，那就不尽是月亮场或花场上能见分晓的事了。习俗性芦笙舞还有另一种形式，舞时手挽手、身体前倾、顺圈往前跳，动作比较简单。参加舞蹈的人数常见为 12 人，队形呈三人一排四人一列的长方阵。

表演性芦笙舞一般都在节日或集会中以竞技或献技的方式进行表演。有的地方盛行以村寨芦笙队为单位进行集体比赛，每逢年节，邻近各村寨以百十人为队进行吹跳比赛，参加比赛的芦笙队以能吹奏乐曲的多寡、声音是否优美、动作和步法是否多变、舞蹈的时间是否持久来定胜负。有的地方则以个人竞技的方式进行。这种竞技一般都不设规定动作，每个芦笙手都有施展个人技艺的机会。这类芦笙舞的动作常见的有矮步、蹲踢、旋转、腾跃等。竞技者有

❶ 独具特色的苗族舞蹈

❷ 苗族花山节

的以动作节奏多变、迅疾激烈见长，有的则以能完成较多的高难度动作取胜。

“芦笙拳”是表演性芦笙舞的一种，其形式独具一格，这种舞蹈以芦笙为伴奏，以吹芦笙者为指挥，其余男女舞者在其指挥下时而互相穿插、时而挥拳对打，有时也插入花棍的对击。

礼仪性芦笙舞因其活动内容不同而具有不同的形式和特点。男婚女嫁、新屋落成等喜庆活动，则动作跳跃、轻快，气氛热烈、欢腾，舞者也多在堂中起舞以示祝贺；在丧葬仪式上，芦笙舞蹈的作用主要是对死者家属的安慰和向死者致哀。在这样的场合，除在入棺仪式上有跨过棺木的跳跃动作外，其余动作均沉稳而有节制。

在苗族青年男女中，最常见，也最受欢迎的集体舞蹈叫《踩堂》，每逢年节举行《踩堂》时，由英俊男子组成的芦笙队，人人手把芦笙边吹边晃动着躯体绕坪而来。高昂而清脆的芦笙调配合低音“芒筒”与当当作响的铜鼓声，乐曲更显雄厚、和谐。紧随芦笙队之后的，是一队不施粉黛的二八妙龄女子，她们在霓彩绣衣的衬托下，佩戴于头、身之上重达十几斤的精工细作、熠熠生辉的银帽、银簪、银项圈、挂牌、银手镯等饰物，随走动而叮叮作响，她们个个貌如仙子，她们个个怀揣美好夙愿，含情脉脉、款款而来。

❶ 送戏下乡

❷ 国庆乡农民表演小品

民族节日，精神的日历

少数民族节日是传统文化的重要组成部分，是民族文化和民族灵魂的外观，江城的24个少数民族都有自己独特的节日，面对生活方式的改变，如何传承和保护这份文化遗产，是我们应该认真思考的命题。

江城有三神文化，即神圣的国门文化、神奇的生态文化、神秘的民族文化。展现民族文化最集中也最直观的形式就是民族节日。中央民族大学博士生导师邢莉在一篇关于民族节日的论文中，把民族节日归纳为“社会的精神的日历”。

民族节日几乎包涵了所有民族文化元素，包括民族心态、民族信仰、民族审美、民族建筑、民族服饰、民族饮食、民族歌舞等等。江城的24个少数民族几乎每月都有节日，甚至一个月里就有几个节日，且每个民族都有独特的节日文化。在江城，各民族的节日文化既互相传播、互相影响，又在漫长的历史演变中保持了各自独有的色彩。如果要对江城众多民族节日进行归类，从节日的意义、节日的内涵和节日的形式来看，大致可以分为祭祖性节日、祈愿性节日、欢庆性节日三类，而各类节日之间又有交叉重叠的功能，但无论怎样

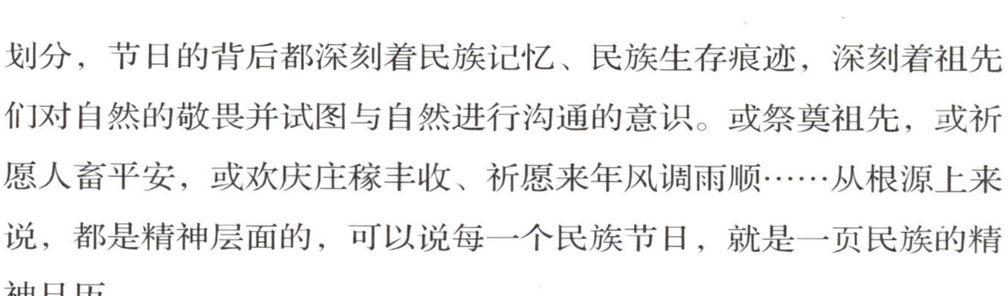

① 哈尼族叫魂节

② 哈尼竹筒舞

划分，节日的背后都深刻着民族记忆、民族生存痕迹，深刻着祖先们对自然的敬畏并试图与自然进行沟通的意识。或祭奠祖先，或祈愿人畜平安，或欢庆庄稼丰收、祈愿来年风调雨顺……从根源上来说，都是精神层面的，可以说每一个民族节日，就是一页民族的精神日历。

节日，是一个特殊的日子。少数民族节日往往为人们提供共同遵循的社会观念和行为模式，是透视传统社会的一面多棱镜。在传统社会中，传统节日的内容不仅仅是民众的狂欢，在节日民俗中，我们看到，在丰富多彩的节日狂欢背后，还有对祖先的追念、对未来生活的祈愿，以及对自然馈赠的感激和欢庆。深挖民族节日的内涵，我们便可看见人们对朴素哲理、道德观念、民族习俗的传承，这是民族节日的核心，而节日的各种仪式、活动则是承载这种文化的形式。内涵需要形式来表达，形式因内涵而延续，所以民族文化得以绵延传承。而那些重内涵、轻形式，或重形式、轻内涵的民族节日就有消亡的可能。现在，人们过度地重视节日的形式，却忽略了节日的内涵，许多节日往往演变成吃一顿饭或表演几个文艺节目，这是一种舍本逐末的行为，体现出来的是人们对节日的轻浮和内心的浮躁。所幸，在江城，我们还能看见许多内涵丰富、形式古朴、原汁原味的民族节日。许多仁人志士也在尽自己的能力收集整理关于这些节日的文字资料，尽力在村里老人还能说得清楚节日的程序和意义时传承这份民族节日文化的精髓。在本民族兄弟姐妹都站到看客队伍里之前，用文字来承载这份民族文化血脉。

一、哈尼节

哈尼节，也叫哈尼历年或十月年，相当于汉族的春节，是哈尼族最隆重的节日。过哈尼节的时间传统上按照哈尼族

❶ 欢乐的哈尼节

❷ 哈尼族舞蹈

的十月物候历进行。物候历又称自然历或农事历，是对一个地区的自然作物物候、害虫发生周期和农事活动的多年观测资料进行整理，按自然现象出现的日期顺序编制的一种专门历。物候历根据物候现象和农事活动的相关性，可以预报农时，以便因时因地制宜地安排生产。哈尼十月历将一年分成10个月，每个月固定为36天，另外5至6天余日用于过新年，简称十月历。哈尼族根据这种古老历法，他们的新旧年的交替，在农历十月间进行，把农历九月底作为年末，把农历十月当作岁首。新旧年之间没有具体固定的时间界限，而是采用古老的地支计时形式，将每年的农历十月第一个辰龙日定为新年的开始，相当于汉族的大年初一，卯兔日即为旧年的岁末。江城各地的哈尼族过哈尼年节的时间也有不同，曲水镇和嘉禾乡巴嘎村的哈尼族过得较早，其他地方过得稍晚，但大体上都在秋收之后、春节之前这一段农闲时间里。

哈尼节一般以寨子为单位进行，在一个寨子里，哪天开始过节，全寨人是统一的。过节时要杀牛、杀猪，酿酒、舂粑粑，祭天地、祭祖宗，男女老少都穿新衣服、唱歌跳舞、荡秋千、打陀螺、走亲串戚，有小伙子的人家，多利用这段时间托媒说亲。嫁出去的姑娘，这时带着酒、肉、粑粑回娘家祭祖和看望父母。哈尼节虽然节期长、活动多，但最重要的还是祭祖。节日之前，各家按自家的传统，开始进行各种祭祀活动。首先要在大门外或在天井里杀鸡祭献，目的是祭献那些死于异地他乡的家里人或村里人，从内心缅怀、遥祭他们。新年当天，全寨要共同杀一头猪，这头猪无论大小，必须按全寨户头平均分配，猪身上的肝、肠、肚、心、肺等等，即使只能分一点，也要家家都分到，其目的在于全寨各户用同一头猪分别祭祀自己的祖先。

在哈尼年节的各种节庆日活动中，尤其是祭祖仪式上，年轻人从老人口中传承本民族的历史，确认自己的民族身份，深化族群的文化认同，传承族群共同遵循的社会观念和行为模式。近年来，有的地方很多看似隆重的民族节日往往只注重宴会和文艺表演，在民族节日中，本民族应该完成的仪式、体悟和认知并未得到完成，长此以往，民族节日可能丢掉灵魂的担忧也不是杞人忧天。

二、火把节暨三丫果节

火把节 火把节是彝族最盛大的节日。火把节还有一个更为诗意的名字——星回节。过火把节的时间，各地一般都定在农历六月二十四日，彝族古谚语说："猪月朔九夜，日子不用选。"意为每年的猪月也就是农历六月，朔九夜就是十五后的第九个晚上。

在传说中，彝族火把节的起源与驱逐虫害有关。很早以前，天上有个大力士叫斯惹阿比，地上有个大力士叫阿体拉巴，两人都有拔山的力气。有一天，斯惹阿比要和阿体拉巴比赛摔跤，可是阿体

彝族火把节

拉巴有急事要外出，临走时，他请母亲用一盘铁饼招待斯惹阿比。斯惹阿比认为阿体拉巴既然以铁饼为饭食，力气一定很大，便赶紧离开了。阿体拉巴回来后，听母亲说斯惹阿比刚刚离去，便追了上去，要和他进行摔跤比赛，结果斯惹阿比被摔死。天神恩梯古兹知道了此事大为震怒，派了大批蝗虫、螟虫来吃地上的庄稼。阿体拉巴便在农历六月二十四那一晚，砍来许多松树枝、野蒿枝扎成火把并点燃起来，率领人们到田里去烧虫。从此，彝族人便把这天定为火把节。

彝族火把节一般历时三天三夜，分为迎火、玩火、送火三个阶段。火把节第一天：祭火。这一天，村村寨寨都会宰一头牛集体分享，并备酒肉祭祖。夜幕降临时，临近村寨的人们会在老人们选定的地点搭建祭台，以击石取火的传统方式点燃圣火，由呗母（彝族民间祭司）诵经祭火。然后，家家户户大人小孩都会从呗母手里接过用蒿草扎成的火把，游走于田边地角，效仿阿体拉巴以火驱虫。火把节第二天：传火。这一天，家家户户都聚集在祭台圣火下，举行各式各样的传统节日活动。小伙们摔跤、唱歌、斗牛、斗鸡，姑娘们则身着美丽的衣裳唱歌跳舞。夜幕降临，一对对有情男女在山间、在溪畔拨动三弦，互诉相思。火把节第三天：送火。送火是整个火把节的高潮。夜幕降临时，人人都手持火把，竞相奔走。最后人们将手中的火把聚在一起，形成一堆巨大的篝火，欢乐的人们聚集在篝火周围尽情地唱歌、舞蹈。

彝族有句话：火把节是玩的节日，过节三天没有玩错的说法。就连那些刚接来婆家过第一个火把节的新媳妇也半掩着脸羞羞答答地藏在婆婆、姑子背后看热闹来了。人们狂欢到一弯弦月升上东山时才肯回家歇息。姑娘们激动得索性不睡，你帮我、我帮你地准备第二天的穿着打扮，并准备干粮、肉食、水果等，以便明天更好地前往相聚过节之地。

火把节狂欢的情景，火光冲天、欢声四起，大家各举小

火把围着篝火跳起三跺脚、唱起丰收歌，载歌载舞。歌舞结束，各家各户举着火把向自己的田地走去，分散举行火把游行，一直要游遍各家的田边地角，以此表示消灭害虫，祈愿来年风调雨顺、五谷丰收、人丁平安、六畜兴旺。

彝族的火把节最完整、最丰富地保留着人类群体文化演进的历

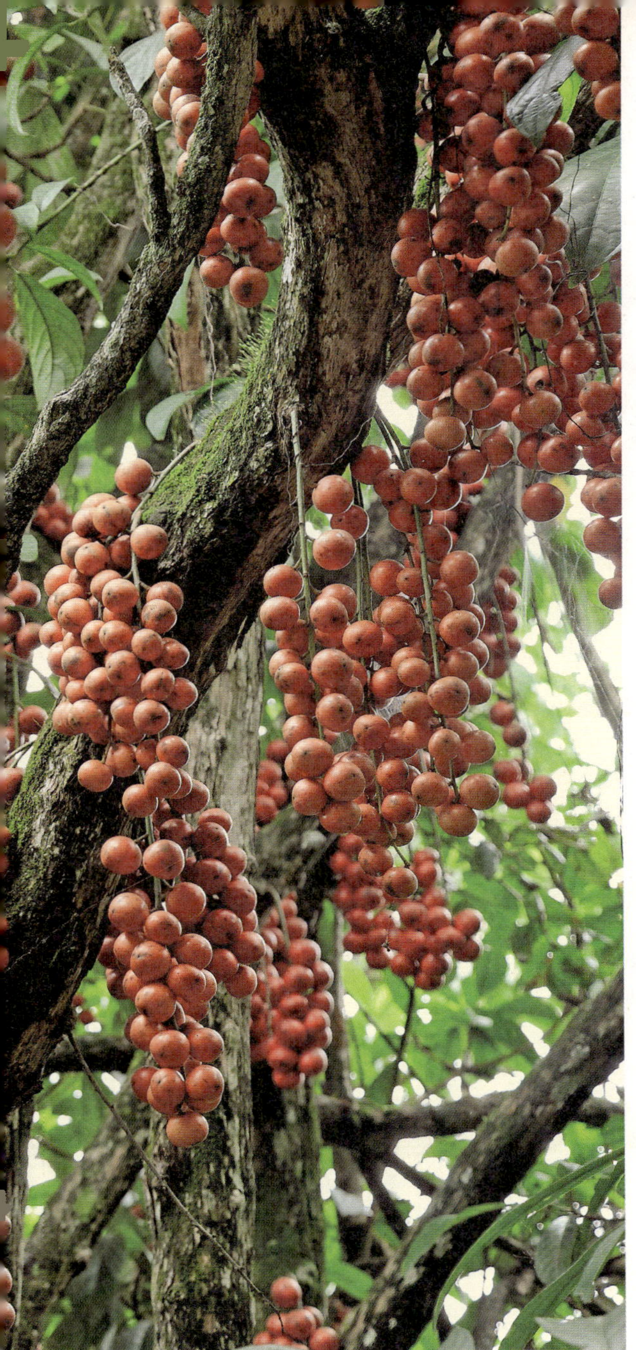

彝族小妹与三丫果

史痕迹，主题是对人类生命繁衍的讴歌、对族群生产生活理想的希冀，渗透着一种“狂欢化”的民俗精神，传达着朴素而积极的生命观念和生活态度。

三丫果节 在国庆乡生长着一种佳树，其果呈圆形，大小如乒乓球，其色红红艳艳，剥开果皮，果粒三瓣，故名三丫果。三丫果果味酸甜可口，当三丫果成熟时满树果实成串如葡萄般挂满枝头，宛如红色星汉，宛如彩色瀑布，甚是好看，每一棵果树都堪称一件艺术品。

国庆乡106个村民小组中，都有人工种植三丫果树的历史，主要种植区域在田房村、嘎勒村一带，集中连片种植的有龙潭、田房寨、阿卡洛垛、富贵村、腊户新寨、腊户坝、山神庙7个村民小组，平均每户种植三十多棵，其中树龄在百年以上的就有一百多棵。国庆乡的彝族同胞视三丫果树为幸运树，他们坚信三丫果树能给他们带来幸福。事实上，三丫果已成为江城的代表性水果，随着对三丫果的开发利用，三丫果未来“钱途可观”。

国庆乡的三丫果在许多地方皆不可复制，聪明的彝族同胞就在每年果实成熟时举办三丫果节，借以扩大其影响力，而三丫果成熟的季节正是彝族最盛大的节日火把节的节期，于是，彝族同胞便

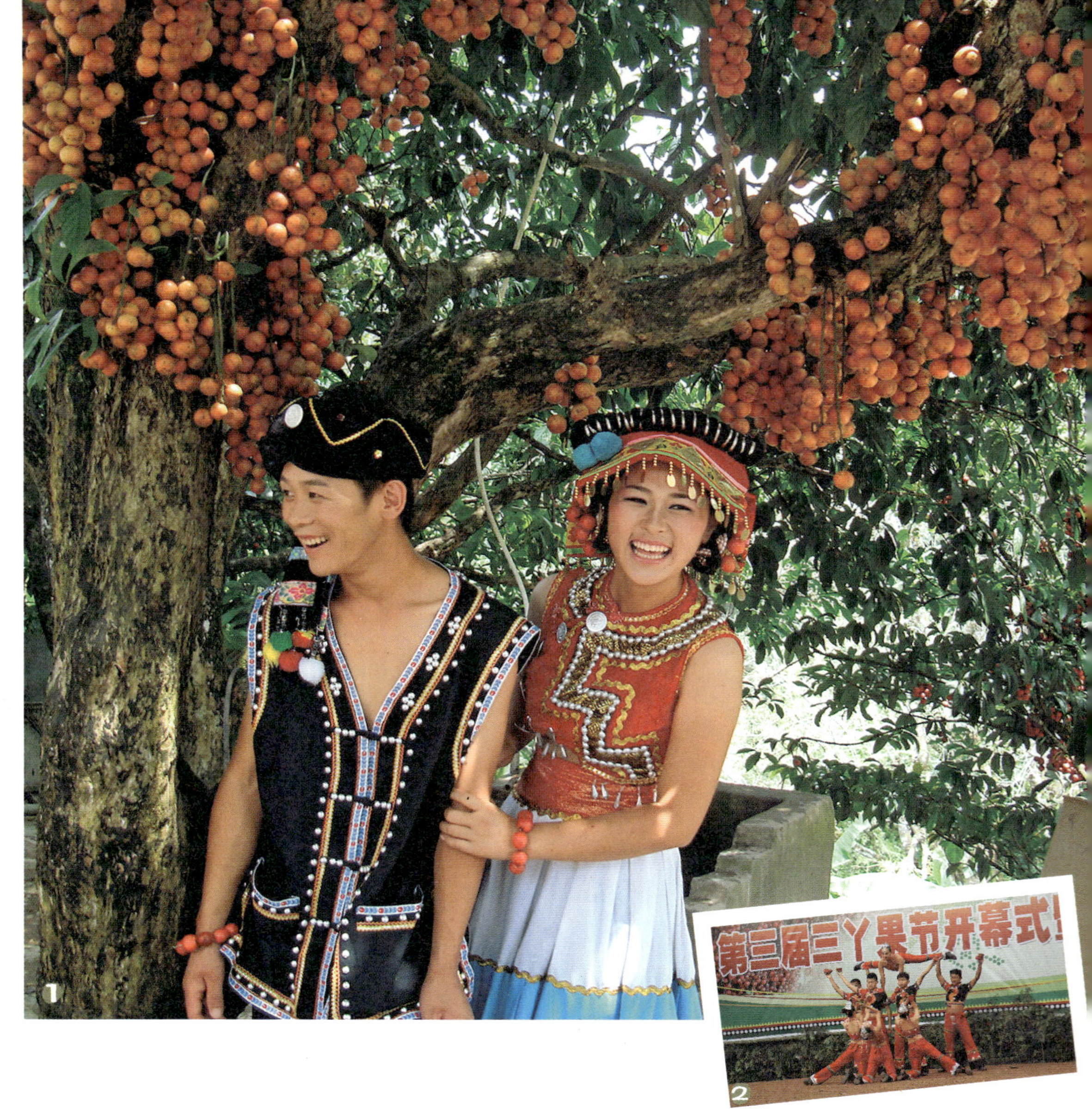

❶ 三丫果树下的欢笑

❷ 三丫果节

把三丫果节与火把节捆绑在一起过了。

从 2011 年开始，三丫果节先后于每年公历 8 月在国庆乡阿卡洛垛、田房、龙潭等村寨举办。节日期间，来自四面八方的游客汇聚到举办地，除了购物外，每个游客的目的当然是观赏挂满枝头的三丫果，许多女性摆出各种姿势，在果树前留下自己的倩影。三丫果摄影图片展也是一个看点，前来参观的游客在一幅幅县内外摄影爱好者拍摄的照片前驻足，欣赏那些不同时期、不同角度拍摄的三丫果照片。

节日期间，吸人眼球的还有三丫果口感、造型、饮食饮品比赛。比赛中，农户们纷纷把自家的三丫果和创意作品搬上评比台，在焦急的心情中等待着评委们的评判。三丫果口感奖要求肉质细嫩、汁液丰富、甜酸适宜，具有本品种的固有特征；三丫果造型奖要求果实、花朵、树叶的搭配漂亮又有创意，果实与衬托物衔接自然；三丫果饮食饮品奖要求造型美观、搭配有创意、味道可口。

在三丫果节中，还有三丫果盛宴，宴席上每道佳肴均与三丫果有关，牛烂炸里掺着三丫果，红烧猪肉里有三丫果，鲜笋里也有三丫果。在彝家庭院里的盛宴上，在主人热情的敬酒中，让游客感觉宛如在世外桃源一般，不知不觉便已醉了。夜幕降临，彝族同胞与四方宾客齐聚火把节的篝火旁，大家手牵着手，轻缓地挪动着脚步，跳起“三跺脚”。

三丫果节虽然是一个新生的节日，但三丫果节的形成，与火把节有着千丝万缕的关系，把三丫果节与火把节结合起来看，展现出特定的文化意义：通过三丫果节系列活动，加强彝族与其他民族的联系和交流，同时充分体现出彝族人紧跟时代步伐、勇于面向新时代的进取心和自信心。

三、泼水节

泼水节又名浴佛节，源于印度，是古婆罗门教的一种仪式，后为佛教所吸收，约公元 12 世纪末至 13 世纪初经缅甸传入云南傣族地区。随着佛教在傣族地区影响的加深，泼水节成为一种民族习俗流传下来，并在传承过程中注入了傣族特有的民族色彩。

傣族有一种阴阳合一的傣历，也称“佛历”。傣历

傣族少女泼水嬉戏

元年为公元639年，至今已有1300多年历史，傣历的年是阳历年，即地球绕太阳公转1周为1年。月则是阴历月，即以月亮的一个圆缺周期为一月。一年分3季，1至4月为寒季，5至8月为热季，9至12月为雨季。傣历六月（公历4月中旬）称年初，是傣族辞旧迎新的传统节日，即泼水节。泼水节节期3天，头2天为送旧，最后一天是迎新。节日清晨，男女老幼沐浴更衣，到缅寺赕佛，以食物、鲜花、银币或纸币献佛，祈求消灾赐福，全寨妇女为佛像泼水洗尘。然后男女老少互相泼水为戏，认为这样可以消灾除病。之后便开始庆祝活动，人们用纯净的清水相互泼洒，祈求洗去过去一年的晦气。

在整董镇，泼水节一般在勐桑洛广场或曼滩两个地点举办。节日之前，傣家人清扫干净房前屋后，准备好节日期间的摊点货品，等待各方宾客到来。节日期间，傣家姑娘手捧小盆，用吉祥的水在路口迎接各方宾客，把水泼洒到客人身上以示祝福。小伙们的祝

福则更为猛烈些，若看到与自己年龄相仿的姑娘时，小伙们就会成群追赶，用小桶从头至脚给她淋湿个遍。当然，在这么欢快的场合中是没人会责骂这种稍嫌粗鲁的行为的，反倒为节日增加了一份欢快的气氛。外来的宾客受到节日气氛的感染，纷纷在傣家临时摊点上买来小桶、小盆参与其中。于是，一串串晶莹剔透的水珠此起彼伏，整个场面就成了载满欢声笑语的水的世界。大家玩累了、笑够了，就找一个傣家临时搭建的摊点，点上诸如包烧鱼、剁生、牛撒撇等独具傣家特色的小吃，再开几瓶冰爽啤酒，那滋味、那感觉怎一个舒爽了得。

高升是傣族人自制的一种烟火，将竹竿底部填以火药和其他燃料，置于竹子搭成的高升架上，接上引线，常在夜晚燃放。高升放得最高者受到人们的赞赏，并获得奖励。晚上，除了放高升之外，往往还要进行文艺演出，文艺晚会以傣族各村寨出演的节目为主，也有受邀参与晚会的附近其他民族的节目。文艺晚会是展示傣族姑娘艳丽服饰和婀娜身段的最佳舞台。傣族姑娘穿上设计绝美的长筒裙，跳起柔情的孔雀舞，台下的小伙们就眼睛发直、魂不守舍了。

泼水节是全面展现傣族水文化、音乐舞蹈文化、饮食文化、服饰文化的综合舞台，有助于傣族感悟自然、爱水敬佛、温婉沉静的民族特性的延续。2006 年 5 月 20 日，该民俗经国务院批准列入第一批国家级非物质文化遗产名录。

四、盘王节

有关瑶族地区过盘王节的古老风俗，早在晋代干宝的《搜神记》、唐代刘禹锡的《蛮子歌》、宋代周去非的《岭外代答》等典籍中就有载述。《岭外代答》中说：“瑶人每岁十月，举峒祭都贝大王于庙前，会男女之无实家者，男女各

群联袂而舞，谓之踏瑶。”“踏瑶”即是“跳盘王”。

瑶族盘王节又叫盘王还愿，是瑶族同胞纪念其始祖盘王的盛大节日，迄今已有1700多年历史。在古朴庄重的公祭盘王仪式上，瑶族男女老少都穿着本民族的节日盛装，脸上绽放着灿烂的笑容，用吟唱、祭酒、舞蹈、上香等形式来祭祀盘王先祖，追溯历史。

相传在古老的年代，瑶族同胞乘船漂洋过海，遇上狂风大浪，船在海中飘了七七四十九天不能靠岸，眼看就要船覆人亡。这时，有人在船头祈求始祖盘王保佑子孙平安，许下大愿之后，立即风平浪静，船很快就靠了岸，瑶族人因此得救。这天是农历十月十六日，恰好又是盘王的生日。于是，上了岸的瑶族人就砍树挖成木碓，把糯米蒸熟舂成糍粑，尔后，大家唱歌跳舞，庆祝瑶族人的新生和盘王的生日。

盘王节时的祭祀活动

瑶族是一个多族系的民族，本无全民族统一的节日，各地瑶族过盘王节的时间也不一致，一般在秋收后至春节前的农闲时间举行，分定期和不定期两种。1984 年 8 月，全国各地瑶族代表汇集广西南宁，大家一致赞成以“勉”族系的祭祀节“跳盘王”为基础，加以发展成为盘王节，一致议定“盘王节”为瑶族统一节日，并将节期定为每年农历十月十六日（盘王诞日）。

江城瑶族过盘王节，多在秋后农历十月十六这一天。盘王节可以一家一户进行，可以以寨为单位进行，也可以联户或者同宗同族人聚集进行。但不管以哪种形式举行，都要杀牲祭祀，设宴款待亲友。过节时要设置祭坛、悬挂诸神像，正中最大的一张是盘王像，左右是真武、功曹、田公、地母等神像。祭祀开始，族老寨老在神像前供奉猪头、糯米粑粑、鸡肉、酒等祭品，人们面对神像低头默祷，表示敬仰、怀念。祭毕，在师公或歌师的指导下唱盘王歌，师公的助手伴随着歌声跳起长鼓舞，表演盘王创业的故事，追念先祖功德，歌颂先祖英勇奋斗的精神。舞蹈以鼓锣伴奏，舞步动作忽而上跳、忽而下蹲、忽而左转、忽而右旋，动作威武，再现了瑶族先民耕种狩猎、出征杀敌的一幅幅模拟画面。

过盘王节所需的钱物都是集体凑的。每年一次的盘王节，村寨房舍都要打扫得干干净净。男女老少穿上节日的盛装，全族人汇集在一起载歌载舞、尽情欢乐。

盘王节作为历史悠久、分布广泛的大众节庆活动，集瑶族传统文化之大成，是一种增强民族向心力、维系民族团结的人文盛典。瑶族崇奉“盘王”或“盘古王”为本民族始祖。盘王节起源于对始祖的祭祀，经过长期的发展演化，演变成怡祖、娱神、乐人兼有的民间节日。盘王节中表演的歌舞如歌颂其祖先创世、迁徙、耕山、狩猎的《盘王歌》和表现其生产生活的《长鼓舞》无疑是瑶族文化的精粹。

瑶家山第四届盘王节

五、花山节

花山节，又叫“跳场”“跳花”“耍花山”或“踩花山”，是苗族最盛大的传统节日，一般在每年农历正月初一到十五之间或农历的五月初五过节。

苗族花山节，传说是祭苗族先祖蚩尤及其儿女的一个庆典，后来演变为苗族的盛大节日。过去，花山节往往由无嗣求子者筹办，有祈福求子的意义。现在，政府为发扬民族文化，每年都拨专款资助，常以村寨为单位举办。

苗族花山节吹葫芦笙

每逢节日，苗族同胞都要穿着节日的盛装，云聚于各个花山场上载歌载舞欢度自己的节日。“花杆”是踩花山的重要标志，一般选择挺直高大的青松或柏树，扎以鲜花、彩旗，树立在场地中央。踩花山这天，首先由“花杆头”向前来参加踩花山的人敬酒、祝福，随后宣布踩花山开始。顿时，花山场内外锣鼓齐鸣，鞭炮声此起彼伏，鲜花、彩旗迎风招展，人们围着花杆翩翩起舞，有的跳蹬脚舞、三步舞，有的打芦笙架（吹芦笙对调），有的跳狮子舞。整个花山场上一片欢腾。

爬杆比赛是花山节的重要活动内容。人们在杆顶挂上一葫芦好酒或奖品，要求竞赛者先上杆、后下杆，上杆头向上，下杆头朝下，一上一下，快者为胜，胜者可获得杆顶的奖品——美酒。节日期间还举行摔跤比赛，剽悍的小伙自愿报名上场，相互角力，胜负由场上

的裁判裁定。摔跤场上的胜者，往往受到人们的尊敬，也成为许多姑娘倾心的对象。妇女则进行绩麻穿针比赛，比赛搓麻绳、穿针引线的质量、速度。

一年一度的花山节，又是苗族青年男女相互倾吐爱情、定情结友的最佳时机。年轻的姑娘小伙在花场上寻找与自己对唱乃至恋爱的对象。姑娘们喜欢成群结队地站在一起，小伙们则会四处挑选，看中了谁，就上前去用伞罩住，开始搭讪攀谈，请求与对方对唱山歌。有时，搭讪攀谈就月对唱山歌的方式进行，若女方有意，就在伞下对答；若无意，自会走开。对唱山歌既是交流思想感情，也是一种娱乐活动。除了年轻人，已婚者乃至老人也可参与，但须征得自己配偶同意，以免引发矛盾。为避免意外发生，“花杆头”要不时宣布有关纪律，要求心胸狭窄者勿让自己的配偶到花场上唱歌等。当然，花山场上对唱山歌，一般还是以年轻人为主，而且多数是以恋爱为目的的。唱得情投意合者，最后还真能结成终身伴侣。如果只是唱唱而已，过后各走各的，也无妨碍。过去，在花山场上唱歌的人比较多，一眼看去，打着伞的地方多半都是。现在，由于读书人多、会唱歌的人少，所以花山场上很难见到唱歌的人了，姑娘小伙们更多的是逛马路谈心交友。

花山场上，在各种表演的间歇，往往会有人背着孩子在花杆脚烧香、烧纸，并绕花杆几圈，以乞求孩子健康成长。结束的时候，组织者要进行倒花杆。倒花杆要抱着公鸡去祭献。花杆倒下后，有人会将悬挂在花杆上的布条剪去拴在孩子的手上，以保佑孩子健康。花杆则会被砍去用于做床，据说这样可以让使用者易于生子，这再一次体现了花山节的求子含义。

经过数千年发展，苗族花山节已成为文化娱乐、技艺展示、经验交流的平台，最大程度地满足了民族成员的精神需求。

六、祭竜节

竜，义同龙，有忌日、禁忌的意思。祭竜节是江城多个民族都举行的祭祀节日，如哈尼族、彝族、傣族等民族都有祭竜的习俗。过去，每月凡属虎、属羊日都要祭小竜，一年内定期的祭大小竜达六十多次，此外还有一些临时性的祭竜，譬如庄稼发生病虫害、寨内发生火灾、人畜发生传染病都要祭竜。现在，祭竜的次数明显减少了，一年一般举行一至二次。祭竜的目的是祈求消灾降福。

过去每形成一个村寨，不论十家八家，还是一户人家，首先都要在寨头的山上栽培或选定一棵树作为竜树。竜树往往是一棵万年古树。作为诸神象征或诸神居住场所的竜树严禁砍伐，不得在其附近做不端行为和大小便。祭竜活动在竜树下举

❶ 彝族祭竜泼米祝福

❷ 哈尼族祭竜

行，据说竜树能起到保护寨子的作用。

祭竜一般在每年农历正月或三月第一轮属龙日举行。祭竜当天每户必须有一个男人参加公祭，多去不限，如果祭竜当天自家确实没有人手去祭竜，头天晚上必须把祭品拿到竜头（由呗母或寨子里德高望重的老人当选）家托付代祭。所有去竜山参加公祭的人都必须换上干净的衣服。人们带上锅具及香、纸、米、肉、鸡、酒等祭品，一早到竜山举行祭竜活动。祭竜正式开始，竜头带领大家把公猪和公鸡献到竜树下，绕着竜树下的神位转一圈，接着用白槠榴树所做的卦对整个寨子和寨子里每家每户下一年的情况进行占卜。占卜到哪家，家人要在一旁观看，如果卦不利，主人就磕一个头，重新再进行占卜。到全寨人家都一一占卜完毕，就杀猪宰

哈尼族祭竜时村民分享小猪肉稀饭

鸡，拔一撮猪毛和鸡毛分别蘸上猪血和鸡血插到竜树下，并把宰杀的猪鸡整理干净，整头、整只放到锅里煮熟后，与饭、酒、香等祭品一齐献到竜树下祭祀。祭祀完毕，参加公祭的人们在竜树前大摆酒席。席间每人可自由吟唱祭神祈祷辞，祈祷家人安康、家畜兴旺、五谷丰登。当天空现出星星的时候，就开始举行迎神进寨仪式。寨里人点燃火把，敲响铓鼓到寨口迎接，公祭者们则排成一条长龙在竜头的带领下把竜神迎进寨子，迎到事先准备好的一个方桌旁的神位上。主、陪祭者们围桌而坐，唱起祭神词，祈求竜神保佑村寨平安、人畜兴旺、五谷丰登。第二天，由主、陪祭者点香持烛送竜神归位，祭竜节即告结束。

祭竜，体现的是少数民族的图腾崇拜、对美好生活的向往和摒弃一切灾祸的最朴素的愿望，以及人对自然的敬畏和试图与自然进行沟通的精神。如果我们对每棵树、每条河、每座山都有这种敬畏之心，那么，我们的生态环境又何至于沦落到今天这样的境况呢？

七、中老越三国丢包狂欢节

丢包，又称香包或荷包，以菱形包最为常见，色彩斑斓，内装荞籽、草籽、谷物或各种香料，以一条主线吊着包的一个角，其余三个角系着彩色丝带，是男女传情示爱的信物。

江城与老挝、越南两国接壤，三国边境山水相连、民俗相通，三国边民相互来往密切。丢包节是三国边境地区各民族参与最为广泛的一项活动。丢包节在漫长的传承中演变成了三国边境地区的“情人节”。鉴于此，从 2009 年起，中国、老挝、越南三国联手，每两

年举办一届中老越三国丢包狂欢节，由三个国家轮流承办。

节日期间，人们手中的丢包意义已延伸，不仅传递着爱情，更传递着友谊、亲情与感恩，大街小巷悬挂着各种样式的丢包，人们手拿丢包，你丢我接，乐在其中。狂欢节中的丢包风情活动集表演性、竞技性为一体，有男女丢包负重、情侣定点对丢等竞技，有情侣共运丢包、丢包穿月、丢包找情侣、情人摸丢包、丢包击鼓等游园赛，还有脚碓舂粑粑、磨单秋、翻秋和甩秋表演等活动。

节日期间的“牛体彩绘大赛”无疑是狂欢节中最受瞩目的活动，参与比赛的有中国、老挝、越南的选手，美国、加拿大等外国选手也会慕名而来参赛。比赛当天，参赛选手们通过对牛的丰富想象和对三国文化的理解，运用手中的画笔在牛体上用水粉作画，把艺术家对中、老、越三个国家民族文化的认识和对牛的感悟，运用手中的画笔诠释出来。评委们在众多彩牛中评选出冠、亚、季军，分别奖予10万、6万、4万元的奖金。

丢包节

丢包节会场

三国文艺展演是关于老挝、越南及中国江城的民俗风情的展演活动，三国民间最神秘的非物质文化、民族民间典故等通过写实的手法奉献给观众，展演剧目充分展现三个国家各族人民与自然同乐、和谐共处，以及蒸蒸日上的生活现状。

在狂欢节开幕式和闭幕式上，还能欣赏到汇集中、老、越三国民族文化、生产生活、风情民俗和传统友谊元素的大型文艺晚会。晚会通过来自三个国家民间能歌善舞、热情奔放的少数民族演员原生态的表演，成为观众感受三国边地文化的视听盛宴。

节日期间，还开展中、老、越三国边境商品交易会、三国特色体育比赛等。三国边境商品交易会为游客和当地人采购三国服饰、民间工艺品、特色食品提供了方便。三国特色体育比赛有三国边民共同参与的网球赛、藤球赛、陀螺赛、丢包赛等。

节日中的三国团拢古宴，是边地少数民族宴请贵客的最高礼

遇。团拢古宴共设置两百多桌宴席，精选12道特色菜肴，还有三国的民间艺人在一旁献上歌舞表演。在竹编矮桌上，红褐色的芭蕉花蕾具有独特的鲜甜味，牛苦肠水和柠檬汁炮制的牛撒撇口感清爽，晶莹剔透的野生红木耳脆滑可口，海船凉拌“木蝴蝶过江”清肺明目，如此生态的盛宴，让来自大城市的宾客们吃后赞不绝口。

中、老、越三国丢包狂欢节突出群众参与性、娱乐性、狂欢性，以丢包为载体，以节日为窗口，结交三国友谊，弘扬三国边地各民族的文化，整个狂欢节荟萃中、老、越三国边地各民族的美食、服饰、歌舞、商品等，把节日办成民族交流、文化交融、商业合作的盛会，促进了边疆和谐稳定和经济贸易发展。

丢包节团拢古宴

哈尼舞蹈的继承者

八、关于民族节日现状的反思

江城山清水秀、物产丰富，从古至今，生活在这片神奇大地上的各民族，在日升日落的辛勤劳动中，在与自然和谐共处中，在共同进步、共同繁荣的路上，他们世世代代传承着本民族的生产生活经验，他们通过节日休整身心、交流互动、传承文化，以朴素的形式、虔诚的态度翻开一页页本民族的“精神日历”。

江城各民族的节日还有很多，诸如多民族同庆的新米节，瑶族的打猎节、祭谷节、祭祖节，傣族的开门节、关门节……总结江城各民族异彩纷呈的节日，我们可以清晰地看到：首先，少数民族节日展示民间知识体系，是民间知识的储藏库。比如，在节日时间的选择上就包含着各个族群的历法知识。节日的本质属性之一是它的时间属性，节期的选择取决于不同的工作条件及其与自然节奏的关系，它包含着农耕知识、自然界征候等，如傣族的傣历、哈尼族的十月历；其次，少数民族节日是人文精神的源泉，节日的背后往往包涵着祈年的文化因子，求婚、求育的文化因子，祈求摒弃一切灾祸、获得福祉的文化因子等等。正是这些谋求人与自然和谐、人与人和谐的祈望在民众的大型群体活动中得到回应，这些人文精神才能被领悟和传播。正是通过节日仪式展演，才达到群体心灵共鸣、达到村落内部的和谐与村落之间的和谐以及人与人之间的协调；再次，少数民族节日在张扬民族精神的同时，表现了各个族群的文化认同。联合国教科文组织的《保护非物质文化遗产公约》十分明确地指出：文化认同是保护非物质文化遗产的一个关键。个体、群体或团体之所以把某种文化视作自己的遗产加以传承与保护，最根本的出发点就是它能满足身份确认的需要。要实现文化认同必须有文化自觉，文化自觉是指一定生活中的人对其文化有“自知之明”，明白它的来历、形成过程、所具有的特色和它发展的趋向。在新的生活方式猛烈冲击传统生活方式的当下，民族节日显然是文化认同的主要载体之一。

近年来，随着民族节日被作为旅游资源开发，节庆内容也发生了很大变化。关于民族节日，它本身的文化蕴含带来了一定的经济价值，开发利用也无可厚非，但在开发利用的同时，如何保证民族节日血统的纯正，如何让民族节日的精神意义对本民族的作用得到延续是我们应该深思的命题。如今，有的地方的民族节日场面越来越大，而内容却越来越流于形式上的热闹，有的地方的民族节日甚至已经沦落成聚拢人气、吸引游客的简单平台，而民间的互动性、参与性，对本民族心理层面的节日作用和意义却很大程度上被削弱了。当延续了千百年的民族节日演变成单薄的表

演，单纯地变成了旅游项目，当民族节日变味之后，当民族节日的“灵魂”丢失之后，民族节日文化该以什么载体来传承？当一个民族没有了最起码的文化自觉和文化认同之后，这个民族又该如何延续和发展？那么，这种对待民族文化的态度，对民族文化本身来说是福还是祸呢？

傣族赕塔

第三章
在山川美景中行走

江城的山，以绿取胜，江城的水，以清见长。在山川中行走，在绿水间荡漾，自有一种陶然情趣。江城的青山绿水，不在大和险之间纠结，而在小巧、灵秀之间卖乖。对于大山之子来说，青山塑造了他们坚毅的性格，绿水培养了他们柔软的性情。大山无言，绿水有意，他们将在青山绿水间不倦地行走。

让我的身体穿过你的山林

山是一种自然的存在，在它释放硬度、高度、美度的时候，我们也在掀开山林的一隅，探寻它的美艳、它与人相处的和谐度。走进山林，我们迷醉其间；跨出山林，我们心在其间。

风吹雨打，擦亮了山林的颜色，释放了野草的芬芳。天地自然，在一种静态的流动中体现出明净的华美。山谷中吹来的凉风，狂躁中裹挟着狡黠的宁静；山谷中飘来的细雨，咸涩中流动着晶莹的渴望。

相较于平原，山自有一种挺拔的高度和伟岸；相较于海洋，山自有一种雄性的坚韧与浪漫。

无数次，无数个山里人沉重的脚步曾经跨过千山万水，走到富庶、喧闹的珠江边上，停留在迷人的大连海岸，驻足于马六甲海峡边醉人的景色，还有香港的维多利亚港，北京宽阔的平原，江浙一带的小桥流水人家，都曾出现过他们的身影。来到这些地方，山里人被山峰和密林遮住的眼睛，瞬间变得旷达深邃。也曾留恋山外世界的富足、丰盈，也曾面对大海期待蓝色文明的诱惑。但这种留恋和期待，只是暂时的灵光闪现，或者说是一种三分钟的激情展现，

对于习惯了常年受紫外线照射、常年在山林中穿梭而乐此不疲的人来说，诱惑仅是他们身体机能调理的短暂释怀，他们皈依膜拜的，还是生于斯长于斯，透着泥土腥味的山林。

山林，始终张扬着一种硬度、一种存在，一种居高临下的自负。这，也许就是它所构筑起来的精神家园。虽然没有一马平川的空阔无边，但却有一种你的视觉、你的身体所能抵达的边线，你能深刻地感知到它的温度和力度。

一、俯瞰众生

江城，这块3544平方千米的土地，现今模样的形成，经历了一个漫长的过程，一份考察报告还原了当时的地貌发育史：在元古代到中生代初期，江城属于滇缅海槽的一部分，在三叠纪末的印度支那造山运动中，滇缅海槽形成陆形和横断山脉的基础。在此期间，江城从西北向东南的褶皱都有断层发育，在第三纪喜马拉雅运动中，横断山区在原有基础上

❶ 大树脚龙潭

❷ 大树脚

大树脚森林

普遍发生断裂上升，形成断块山。喜马拉雅运动后，江城的地貌骨架逐渐形成，高大山脉多从西北向东南延伸，越往南海拔越低。

地处云贵高原南部边缘的江城县，无量山脉由西北方的宁洱伸入江城，沿康平镇的大树脚、曼老街、曼克老东侧南下，经过营盘山沿曼连河南岸过瑶家山直插国境线。这条山脉从主峰狮子岩到龙马江，绵延盘亘310多千米，跨过了全县的6个乡镇。江城的山脉都与无量山相互连接，形成了一个蔚为壮观的群山体系。江城县的山脉呈西北高、东南低，高山重叠，山岭交错环抱，地势起伏多变的特点，成就了其温润潮湿、气象万千的低纬山区季风亚热带湿润气候地区雨量多、干湿分明的气候特性。

江城的山，虽然没有华山的惊险雄奇、泰山的巍峨耸峙、嵩山的千古一刹、黄山的云蒸霞蔚，但自有一种傲立于滇南一隅的别样风骨。江城的山，纤细中带着一种阳刚之气，小巧中透着一股大家风范，秀美中泛着一层神秘波光。那一座座起伏连绵的群山，被一层层醉人的绿所包裹，裹得严严实实，裹得酣畅淋漓。这种绿，不因季节的更替而变化，而是深植于每一片叶子、每一条深壑，绵延而成一种既能遮风避雨，又能负重前行的精神品格。

自然界有着一种历久弥新的自我进化功能，驾轻就熟地造就了山体的千回百转、树林的浓荫匝地，同时也成就了狮子岩、锣锅山、十层大山、瑶人尖山等一批江城县内耳熟能详的山峰。因为它们的存在，更能体现出山里人的一种风骨，一种比柔美的江水更坚挺、更高远的个性依存。那么，江城的那些不算高大威猛的山峰，究竟有着怎样的定心引力，吸引着无数人的深情目光？还是让我们迈开双腿，逐一去探访那些镶嵌在西南边地的山川景物吧！

二 、挺进锣锅山

锣锅山，是一个较为庞大的山系，介于国庆乡和平村、勐烈镇朵把村、宝藏镇板河村之间，是县城附近居民较为熟知的一座山峰。虽然一直在它的身旁惬意地生活了多年，但因种种原因，

未曾登临锣锅山，感受它的心跳，谛听它的呼吸，掀开它的面纱。

2014 年 11 月 12 日，我约上老罗、小施、小杨，计划深入锣锅山腹地，以了却多年的夙愿。上午 9 时，我们一行驱车来到国庆乡和平村新安寨脚下，在向导的带领下，先沿着一段相对平缓的山路前行。走着走着，向导突然钻入了一处较为陡峭、茂密的山林中，霎时，一个切身的感受是刚才铺满全身的温暖的阳光一下子便被屏蔽起来，我四周的光线顿时暗淡了许多。放眼望去，树林里错落有致地分布着不少朱栗树、橄榄树及许多不知名的树种，已是深秋时节，山林中褐红色的地层覆盖了一层层枯黄的叶子，走在这松软的叶面上，脚步也轻盈了许多。

向导是一名六十多岁的老者，但走起路来脚下生风，他年轻时曾经是一名猎手，树林中一点微小的变化都能引起他的注意。你看，那一丛条竹篾不知被什么东西啃得七零八落，他说这是猴子的杰作，树根下有一小块没有枯叶的空地，他告诉我们这是白鹇翻动过的痕迹……

行进中，不经意间，你会发现，偶尔会有一朵大红菌掀开四周的枯叶，在一片静穆肃杀的氛围中兀自开放，显得孤独、凄凉，而我却感受到一种冷傲中的坚毅。

此时已是深秋，北方的树木早已只剩下粗直的树木和唐突的枝干在寒风中挺立，而锣锅山虽然枯叶满地，但树枝上的叶子却是绿意盎然。密不透风的树林把阳光遮挡在外面。也许是得益于这里温润潮湿的气候，枯叶落下，新叶长出，似乎都是在瞬间完成，让人感受不到季节的更替。树林外阳光灿烂，树丛中偶尔投射进一缕缕光影，或明或暗，星星点点中透着一股暖暖的气息。

走着走着，发现有一段山路好像有点不大对劲，用眼光仔细搜索，竟然发现在树丛中有一条公路的痕迹，听向导说这条路是当年拉运木材时铺设的便道。时过境迁，路面上现已长出许多高大挺拔的水冬瓜树、朱栗树，地面上衍生出许多草类植物，令人不由得惊叹这里的生物长得是如此之活跃、迅速。

久居闹市的身体，投入到深山后，即刻就体现出一种与气定神闲的大自然的不和谐音符。天气虽然不热，但走了一段时间就热汗淋漓、气喘吁吁，衣服已经湿透，眉毛上一大滴汗珠滚落到镜片上，滑落到眼珠里，有一种咸涩的感觉。累了，便一屁股坐到枯叶

❶ 锣锅山里三个人都抱不过来的大树

❷ 气象万千的原始森林

上面。俗话说，歇气莫歇长，待喘气均匀了，又迈着越来越沉的脚步继续前行。

当我们来到一处山林腹地，一棵高大挺拔的细红豆树吸引了我们的目光，这棵树上寄生着一些姜苗树，并有许多寄生根缠绕在树的周围。难得见到这么粗壮高大的树，我灵机一动，想体验一下这棵树到底有多大，便让随行的其他 3 人手拉手围在树上，三人勉强围住，我快速用相机拍了下来。

中午 1 点 20 分，我们终于登上锣锅山一隅的一个山顶，这里地势较为平缓，四周长满了白朱栗树，地上厚厚的腐叶成为这些树木最好的肥料，催促着它们不断地向上生长。

20 世纪 80 年代，当电视还是一种稀罕物的时候，锣锅山靠近县城的优势就发挥了作用，因为当时还没有卫星讯号这个概念，所以中央、省电视台的节目需要差转，江城广播站便在锣锅山上设置了差转台，把电视信号传到县城，让许多人在电视机前度过了难忘的美好时光。如今，科技的发展，让差转台失去了作用，但那段美好的回忆，却长久地留在了有关锣锅山的记忆里。

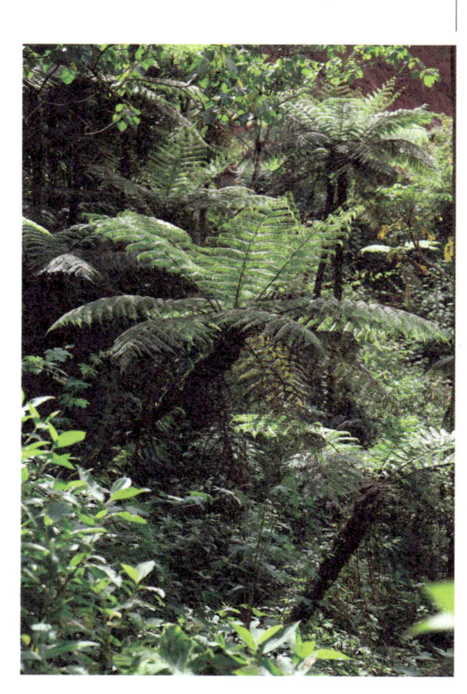

山林中，到处是似曾相识的树木、野草，在返程的途中，连向导也分不清前行的路径，走了一段感觉不对又重新返回，如此往复竟然迷了 3 次路，到下午 4 点半钟，大家终于摆脱丛林的羁绊，拖着疲惫的身体走出了大山。

山林中的小溪

三、问道狮子岩

狮子，百兽之王。狮子在一蹲、一瞥、一吼之间，体现的是一种充满荷尔蒙激素的雄性特征。因此，从另一个层面来说，狮子代表了刚毅、果决、雄奇的精神特质。而以狮子命名的江城县最高峰狮子岩，则把这种精神特质发挥得淋漓尽致。

在介绍江城县的文字资料里，常会有这样一句话：县内最高峰为康平镇大树脚狮子岩，海拔 2207 米，最低点为曲水镇高山村李仙江出口处，仅 317 米。

人们常喜欢在最高、最大、最多、最小上做文章，而我也概莫能外。我们所居住的县城海拔 1120 米，而狮子岩的海拔超过了县城一倍，海拔不同，各种自然景观也应有所变化。1994 年的一天，带着探究高山深谷的心理，我和几名志同道合者驱车来到大树脚村，在向导老周的带领下，徒步攀越狮子岩。前进的路上树林茂密，许多地方没有成形的路，大家只能用手中的棍子敲打开前面的草丛，沿着陡峭的路途缓慢地前行。行路的艰难让大家气喘吁吁，此时，向导老周突然一个机灵，唱了一个山歌："要来要来快快来，莫等乌龟爬石岩，乌龟躲在石岩下，逮拉尾巴拖出来。"听到这个调子，大家的精神为之一振，你一调我一调，沉闷的气氛顿时缓和了许多。走着走着，同行的老刘不小心摔了一跤，他不慌不忙地站起身来，脱口而出："不是阿哥想掼跤，看见阿妹是脚打漂。"众人会心地笑了起来，走路的步子明显轻快起来。

经过了数小时艰苦的跋涉，终于来到了狮子岩的脚下。前面，一大块沉重的巨石犹如泰山压顶般兀然矗立，巨石的中间缺了一个口，犹似狮子张开的血盆大口。口里是个啥样？能容下多少人？里面有其他动物涉足的痕迹吗？我们有点好奇，便想前去探个究竟，正面，无法抵达，只好绕一段山路，爬到狮子嘴旁的一道悬崖，攀着石头缝上的藤子，朝下瞟了一眼，二十多米高的深谷让人不寒而栗，迈动的脚步益加小心翼翼。要进入"狮子口"，需越过两处悬

崖之间一米多远的距离，如果跳得不到位跌落下去，那就只能去做上帝的臣民了。憋足一口气，纵身一跃，还好，在狮子嘴里安全落地，迅速驱散内心的惊恐，扛起摄像机对眼前的风光进行一番扫描。

离开狮子嘴后，沿着山路继续前行，来到海拔 2207 米的高峰顶上，这里的气候明显比山脚下凉了许多。在我们四周，一层接一层的迷雾向我们汇聚而来，不一会儿，又悄无声息地散开，使我们对气象万千这个词有了真切的感悟，同时，袭扰全身清凉而潮湿的雾气，也让我们理解了高处不胜寒的感受。

四、拜谒十层大山

近年来，十层大山已超出了一般的地理学范畴，从另一个侧面，代表了国家的威仪。一座山顶，就把中国、老挝、

宝藏旧国神庙遗址

① 十层大山三国界碑

② 十层大山栈道一角

越南连在了一起，这种自然巧合，在云南绝无仅有，在中国也是凤毛麟角。

正因为十层大山独特的地理区位，以及它所包含的跨越国家的丰富内涵，犹如塔尖上的一尊吉祥物，供人们顶礼膜拜。十层大山，从字面上揣摩，就可知道欲到达峰顶，必然要先经过一到十层的大山，才能最后抵达三国交界界碑所在地。但似乎是上天有意从中作梗，致使前行的道路蜿蜒曲折、崎岖难行。特别是江城丰润潮湿的气候，让本来标准就很低的道路湿滑不堪、极难行走。也因此，许多前来江城的人的第一个愿望，都想去爬十层大山，一睹三国界碑的风采，而一旦探知道路的艰难险阻时，绝大多数人的愿望也就只是愿望而已了。

没有走不完的山，没有过不去的坎。多年来，我一直坚信这个道理。尽管，我曾四五次到过十层大山，但隔上一段时间，却还是会有再去一次的冲动。当听说县里对十层大山栈道进行了重新修复，再次踏足一次的愿望就更加强烈。

欢乐在界碑旁绽放

2014年12月6日，两辆越野车从大竹棚驶入十层大山公路，道路狭窄，满眼是坑塘和凸起的石头，四周野草丛生，我和一帮文学兼摄影爱好者用力拉着车辆的扶手，在颠簸起伏中缓慢抵达十层大山，第七层、第八层、第九层……终于来到刚修建好的栈道底下，提着佳能相机，快速进入栈道之内。

哇，尽管已不是第一次来到这里，但还是让我一阵惊喜，深入其中，你才能深刻地感知什么叫自然的造化。在物欲横流的城镇间劳碌奔波，身体发肤之中，总感觉一种叫世俗的东西已浸透到骨髓里，挥之不去，血液里、细胞里，似乎都被蒙上了一层不透明的污垢，使整个身心无法体悟什么叫轻盈、什么叫愉悦。行走在栈道上，我终于找到了除去心灵之垢的办法，其实，你不需要做什么，你只需要卸去满腹的心事，头微微上仰，迈动还算轻灵的脚步，拾级而上。山顶上弥漫着潮湿的气流，台阶上被山体中漫出的水浸湿，钢架和塑料地板做成的栈道有点滑滑的感觉，扶着一旁水泥柱子上的铁锁链，倒也相安无事，一边走一边眷顾周围的景色。放

国庆丘陵地带

眼之处，皆绿意盎然，二级保护植物桫椤稀疏分布，野芭蕉树、细竹子错落有致，一些高大的树干从悬崖下直插上来，撑出一片浓密的树叶，为栈道增添了几许凉意。我们所行进的栈道，沿着临近山顶的悬崖而建，靠山一面是巨大而笨重的岩石，另一面，则是陡峭的山林。走着走着，前面忽然有人惊呼一声“有猴子！”抬眼望去，只见一只长尾猴在树干上纵身一跃，就飞到了另一棵树干上，顷刻间不见了踪影，令人生出许多遗憾。如果当时有先见之明，行进的动作轻巧一些，也许还能够用相机拍下那难得一见的猴子。

当我们喘着粗气爬上海拔1864米的第十层山顶，那块曾在电视、报纸、网络上出现过无数次的三国界碑赫然出现在我们面前：三菱形、三块花岗石、三国国徽、三国文字、三块碑面分别指向自己的国家，钢筋混凝土把它们结合成一个整体。在袖珍之国梵蒂冈，不用十分钟就可以走出国门，而在这里，中国、老挝、越南可以在各自的国土上相互握手言欢。

在人类文明进程中有许多令人匪夷所思的东西，如埃及的金字塔、古巴比伦的空中花园、中国的长城，但在一座面积比较狭窄的山顶，把三个国家的交界点连接在一处，用一块界碑标示出来，这在世界上也恐怕很难找出相似的案例。

迎着扑面而来的凉风，在峰顶上极目远眺，陡峭的山坡外满眼葱茏，芦苇花在微风中荡漾。虽然这里显得有些荒凉，但国家意识却比任何时候都强烈，你的脚步轻轻挪动一步，就到了另一个国家；退后一步，你又回到了祖国，一种作为中国公民的自豪感会在你的内心油然而生。长风猎猎，翻云覆雨，我自岿然不动。树影婆娑，莺燕翻飞，此刻，我独享这陶然情趣。

五、探秘龙马大山

江城，远离中华文明的中心，内地的人文思想、经济技术的渗入步履蹒跚，在很长的一段时间内，这里始终处于一种原始的、自

生自灭的、了无生气的莽荒状态中，而与宁洱、墨江山水相依的宝藏乡龙马村，因其特殊的地理位置，在当时不通公路的情况下，成为江城感悟中华文明的一扇重要窗口。因此，在龙马村的群山沟壑中，散播着许许多多的民间故事和一些零散的文化遗迹。这些东西的存在，使江城这块缺少文化滋润的土地拉近了与中华文明的距离，让我们在文化自信方面又找到了新的佐证。

时钟拨到2014年12月10日上午10点，三菱越野车在纤细、柔长的龙马大山上穿行，高山深谷脱离了尘世的喧嚣，以一种静谧的、盎然的生气迎接着我们。

旧国大寨，这个曾经喧哗、繁盛的村落，在明清时期鼎盛一时，住户最多时达到99户，洗去铅华，褪尽浮躁，当一切又重新回归于宁静和理性的时候，我们发现，不管万物如何喧闹、折腾，但最终都是以雨水皈依河流，野兽退隐山林的结局黯然落幕。

此刻，当我站在旧国大寨旁，惊异于全寨只剩下13户人家，当年的浮华盛景一去不返，只能在大脑里极其抽象地浮想联翩一番。寨子顶端的一棵至少有二三百年的野核桃树依然挺拔，它不悲不怒，以一种超然物外的心态，默默地见证了旧国大寨的风雨沧桑。

顺着野核桃树后面的小路前行七八十米，在由一大片红毛树、朱栗树、万年青、夫妻树围聚而成的一块空地上，两尊石像面朝寨子静静地守望着。

当时的旧国大寨管辖现在的龙马、前进，分9保27甲，在集中议事时，用敲大鼓的形式来通知开会。大鼓放在山神庙中，由专人管理，按敲鼓的轻重来表示不同的事情。民国时期，由于天花、霍乱、痢疾等疾病的侵袭，寨子逐步变得萧条、落寞，为消灾避邪，在山神庙里供奉起一男一女两座石像，男的是驱逐病魔之神，女的则是济世救民之神。据说当年前进、龙马、海明、墨江等地的村民，家里的猪、牛、马丢失，都会前来庙里祭拜，而且“很灵验”。

青山依旧在，几度夕阳红。在山林中热闹了好几百年的旧国大寨，逐渐的像处子般地平静下来。眼前的一切已经面目全非，庙宇不见了瓦片、墙壁，仅存两尊被沧桑岁月刻下深褐色印痕的石像和左右两个柱子底座。经历无数风吹雨打的文武两尊石像有一米多高，武将身穿铠甲、正襟危坐，头部具有明显的清朝时期前额削发者的特征，右脚踩着一只看似小猪的动物，显得威猛无比。文官则神态安详、谦卑有加。这座庙宇，因当年“破四旧”而被损坏殆尽，墙脚石被人撬去建盖集体牛厩，只剩下一些零散的什物，被周围的杂草包裹了起来。

类似于旧国大寨神庙遗址的，在江城众多的村寨中没有发现第二例，这足以说明，中华文化早已在龙马大地上生根发芽，使江城这块在边地上容易被忽视的群落，最终没有脱离汉文化的轨迹。

作为一个原住民，我每天早晨推开窗户，目光所及，便都是青山绿叶。山作为一个符号、一种灵魂中的记忆，成为终其一生的思想，深刻地影响着我们的一言一行。

瑶人尖山

我们还算健康的身体，很大程度上得益于常年在山林中穿梭往返，呼吸森林中纯净的空气，感受自然界中的虫啾鸟鸣，因工作和生活的压力而变得有些佝偻的身子会不自觉地挺直起来。一个人在这物欲横流的世界中行走几十年，最终也将变成山林中的一粒尘埃。在这生气勃发之年，自然界所赋予的纯美幽蓝的环境，我们理当尽情享受，自然界所保持的和谐畅美的家园，我们理当全力呵护。

江城的山系庞大、多变，尽管我的脚步从来没有停歇，但仍有许多山峰、许多高地没有踏足。我想，总要留下一些遗憾，等待以后的时空去填补。这本也应了为人处世的一些规则：有的事不宜做得过满，留下一些可以回旋的余地，做满做绝，容易堵塞前行的路，看不到退一步海口天空的智慧之美。

如果你是一个山林中的行者，那么，请你修正一下脚步的方向，顺着滇南尾翼，越过李仙江，从无量山脉的前端款款走来，攀上一览众山小的狮子岩，走过散发着文明之光的龙马大山，踏上纤细、乖巧的瑶人尖山，驻足令人热血澎湃的十层大山，你会有一种不虚此行的感悟。

有时候，行走给人带来的快感，不一定要去面对著名的山峰、辽阔无边的大海，在一些不知名的山林中跋涉亦能达到。面对群山，我们可以深情地呐喊，把积攒于心胸的怨气尽情宣泄。宣泄之后，你会在不经意间发现一些不一样的美，这些美，会颤动你周身的每一个细胞，让你呼吸急促、眼中迸射光芒。江城的群山沟壑，就是能让人不小心产生这种感觉的地方。

记忆里的走兽与飞禽

江城是一片充满神奇的土地。

江城的历史上曾经有野兽伤人、害畜，人与兽的博弈，伤痛与惨烈刻在了那些年岁里。当然，江城的山、江城的水也因为有了百兽与飞禽而变得生机盎然。

与越南、老挝相连的江城哈尼族彝族自治县，因水丰草美、林密果香，滋养了众多的飞禽走兽。

走进江城的森林、草地，你就犹如走进了音乐厅。鸟、兽、森林、山风、溪水、雷电、雨水……如吹、拉、弹、打击等各种乐器在奏响。

走进江城的森林、草地，你就置身于花香浸润的空间里。

据《江城县志》载：江城主要野生动物有野象、虎、豹、野牛、马鹿、马熊、山猁、岩羊、麂子、野猪、拱猪、野狗、破脸狗（果子狸）、九儿狸、黄猴、青猴、蜂猴、白猴、刺猪、竹鼠、田鼠、松鼠、野兔、穿山甲、黄鼠狼、水獭、旱獭、山蛤蜊。

蟒蛇、黑蛇、蚂蚁古堆蛇、青竹标、红脖子蛇、秤杆蛇、水蛇。

孔雀、野鸡、白鹇、团鸡、锦鸡、麻鸡、斑鸠、老鹰、鹧

鸪、鹦鹉、黑头公、啄木鸟、猫头鹰、蝙蝠、郭公、布谷鸟、犀鸟、画眉、乌鸦、喜鹊、麻雀、山麻雀、燕子、秧鸡、翠鸟。

鳄、鳖、石蚌、青蛙、黄鳝、泥鳅、鲤鱼、鲫鱼、草鱼、棍子鱼、面瓜鱼、长胡子鱼、鲢鱼、细鳞鱼、蛇鱼、大虾、小虾。

历史上，江城地广人稀，一些地方林密箐深，野兽经常出没。特别是 20 世纪 50 年代以前，野猪、狗熊、猴群等对粮食作物的毁坏严重，老虎、豹子等猛兽威胁着人畜的安全，兽灾成为一患。所以，打猎护秋、保护人畜安全就成了抗灾斗争的一项重要任务。据 1953 年的不完全统计，当年因兽灾损失的稻谷、苞谷、饭豆，共计 151400 斤；被虎、豹、熊咬死 3 人，咬伤 12 人；咬死黄牛、水牛 193 头。宝藏、曲水被虎咬死水牛、黄牛 168 头，骡马 15 匹，猪 85 头。20 世纪 50 年代组织自卫队、民兵打猎保护人畜安全，被列为抗灾斗争

❶ 细米雀

❷ 白 鹇

的一项重要任务，县政府专门召开打猎护秋会议，表彰打猎模范。1953年，全县共打死老虎4头、熊46头、野猪95头、马鹿81头、麂子386头、岩羊13头、山猁1头、猴子40只、刺猪218头。还打死野鸡、白鹇、山乌龟、野兔等大小禽兽6465只。

1979年11月，曲水绿满村老羊寨被老虎吃掉一个中年男人，并咬死牲畜多头。

江城这块土地上，人与兽、禽共生共息，也在相互间博弈。由此，产生了兽鸟崇拜及表现在建筑、服饰、歌舞、音乐上的浓郁的兽鸟文化。

如若在江城的乡间行走，我们随处都可以看到鸟兽雕刻图案。在屋檐、门框、门板、窗棂以及各种家具，乃至墓碑上都常常雕有龙、凤、狮、鲤鱼等动物的图案。还有人们穿的衣服、裤子、鞋、裙子，孩子用的背巾、帽头上，除了花之外还有兽禽的图案。当然少不了在饭桌、碗筷、锅盆等物件上也刻印上那些辟邪祈福的鸟兽图案。

黑脸噪鹛

一、虎豹之害

江城的冬天尽管满山都是绿色，但与其他季节相比，食物是有限的，尤其在荒野。草已干枯，野果腐烂，庄稼已经收获，很多小动物也蛰伏起来，几乎没有东西能供虎豹食用。没有足够的食物，游荡在山野里的动物们，看起来都是那样的瘦弱。没有吃的，那些食肉的动物们，走着走着就走下了山，走进了村庄，寻找可以食用的食物。

一只豹子，严格地说，是一只很老、很瘦弱，还带点病态的豹子，在夜色苍茫时分，走进了老羊寨。它挑选了一家靠山而居在箐边的人家，在他家房屋后边的牛厩旁，溜达来溜达去，一副犹豫不决的样子，谁也不知道豹子在想什么。

豹子来到一户叫王几嘎的人家旁，他家养着四头水牛，其中有两头母牛、两头小牛犊。其中一只小牛犊只有两个月大。听见牛叫声，王几嘎走了出来，还未走到牛厩，就看到有什么动物在牛厩后边张望，王几嘎仔细一看，是一只豹子。顿时吓得身上一抖，出了一身冷汗。

那只豹子看到王几嘎并不惊慌，往回走了几步，就停下来看着王几嘎，又看了看牛厩，有点不舍。王几嘎转身回到屋里，取了一支老铜炮枪。他取枪回来，豹子已拖着疲惫的身子向山上走去，王几嘎对着远去的豹子，“砰”地放了一枪，铜炮枪在夜色里吐出一条火龙。枪声在整个寨子里回响。再看那豹子，慢慢腾腾地向山上走去，不时还回头看一下，没有一点惊慌的样子。

看着豹子慢慢地走进了树林里，王几嘎松了一口气。他知道，他放的这一枪，足以让豹子记着半年，不敢再来偷吃他家的牲畜。山里人是这样认为的，进村的野兽，只要被枪打过，不管打中没打中，一年半载，是不敢再来偷袭的。然而王几嘎的那一枪，并没有吓到那只饥饿的豹子，甚至没有隔天，又再次来到王几嘎的家旁，钻进他家的牛厩，把那只两个月大的牛犊拖走了。

看到豹子拖着牛犊的是王几嘎的堂兄王折继，王折继也是刚吃过饭，看见一只豹子拖着一头牛犊，向后山走去。王折继看到后，顺手拿上一根木棍，一边喊，一边向豹子跑去。豹子看到王折继，并没有丢下牛犊，而是咬得更紧，继续向山上跑。王折继不知哪来的勇气，追上豹子，对准豹子就是一棍，那一棍打在豹子的腰上，豹子一个趔趄，只是晃了晃，拖着牛犊继续跑。

王几嘎是听到喊叫声赶来的，他跑到王折继跟前，看到那只豹子，腿就有点发软。慌乱中，王几嘎抬起铜炮枪，对准豹子就打。豹子惊慌地丢下牛犊，向山上跑去。

被豹子咬伤的牛犊，躺在地上，眼睛还咕噜咕噜地转动着，脖子里的血，不断地往外冒。可怜地望着主人，一会儿就没有了气息。看着可怜的牛犊，王几嘎“哇”地哭了起来，边哭边大骂豹子。

一只豹子，连续两天袭击牲畜，这在原来是没有的事。还有豺狗，也不时偷吃农户的猪和羊，寨子里的人慌了神。大家商量，各家看好各家的牲畜，如果豹子和豺狗进了寨子，听到喊声，有枪的拿枪，没枪的拿棍、斧头、锄头齐上阵，让野兽只能进村、不能出村。

豺狗是没来，老虎又来了，那只老虎，跟窝批家拗上了。这次去的不是王几嘎家，是打了它一棍的窝批家，好像老虎也会记仇，是专门报复窝批来的。其实老虎去窝批家，原因是他家住得比较偏僻，容易得手，也容易逃跑，老虎精着呢。

老虎到窝批家时，是傍晚时分，听到小水牛的惨叫，窝批知道出事了，拿起一把斧头冲了出去，刚到牛圈，看到几头水牛挤在一起，十分恐惧。牛圈里有一头牛倒在地上，满身是血。窝批数了数，少了一头小水牛。

窝批知道，拖着一头小水牛，不论什么野兽，都跑不了多远。他提着斧头，向房后跑去，转过墙角，窝批傻眼了，怎么也不会想到，仅仅隔了一天，那只老虎又来了。慌乱中，窝批大喊：“老虎来了！”刚喊一声，他老婆也从屋里出来，站在院子里大喊：“老虎来了！老虎来了！”

听见喊声，寨子里的人有的拿着铜炮枪，有的拎着木棍，有的手中握着长刀、钐刀赶了过来。老虎看到人们包抄过来，并不惊慌，叼着小水牛，向山上跑去。寨子里的人并不急于追赶，而是从三面包围起来。他们知道，山后边是峭壁，只要围着老虎，它就没有了逃路。

老虎看人们没有追上来，也放慢了脚步，老虎还没到山顶，村子里的人们已从三面围了过来。老虎走到山顶，看到黑压压的人群和前边的悬崖，对着人群发出一声长长的号叫。那声号叫，带着恐惧，带着无奈，还带着绝望。

二、在李仙江遇见猴子

二十世纪五六十年代，甚至到了九十年代初，在江城见到猴子是一件很平常的事。好多村寨只要有上百公顷的原始森林，就常有猴群出没。少的五六只，多的几十上百只。它

们除了在山林里寻觅食物外，也会到庄稼地里来找吃的。这种极富灵性的动物，在老百姓中流传着许多的有趣故事。

在一次与省里的几位摄影爱好者去拍摄民俗时，我们一行几个人从坝溜坐着竹排沿李仙江而下，当太阳快要落山时，就在离我们的竹排不远的江边上，三四只成年大猴子，带着五六只小猴子在江边的浅滩上捉鱼。几只大猴子分别蹲在露出水面的石头上，一动不动，远远看去像几个石头一样。小猴子则悄无声息地在沙滩上相互挠痒。我们也好奇地将竹排停靠在一个江流比较平缓的弯潭边上，用绳子把竹排拴在江边的柳树上。静静地看看这群猴子究竟要干什么。而每个人的相机快门都在不停地按动着。就在这时，有一只蹲

房顶上警惕的小猴

在石头上的成年猴子像箭一般跃入水中，随后其他几只也相继从第一只猴子跳入的上下左右分别跳入水中。不到一分钟时间，猴子钻出水面，湿漉漉的身子像一只水獭，但每只猴子手里都抓着一条半斤左右的鱼。此时小猴们开始欢呼跳跃起来。大猴把捉到的鱼扔到沙滩上，小猴们就叫着、喊着去捡在沙滩上的鱼。此时，大猴们又开始了第二轮捕捉，如此反复，直到每只猴子都有了一条鱼，大猴们才跳回到沙滩上，小猴们这才摇着手里的鱼，跑到大猴面前开始享受美食。

蜂猴

懒猴

三、麂子“逛街”到县城的百货大楼上

麂子跑到了百货大楼的商场里，这是在江城 20 世纪 70 年代末的一个夏季周末中午发生的事。

那时的县城，只有一条东起于大会堂，西止于养护段的约一千米的主大街和一条约五百米的狭窄的老街。主大街两旁除一两栋三层的楼房外，绝大多数是平房。

那时，县城周围的锣锅山、南麓山、朵把山森林茂密，绵延上百公顷的大山，山梁蜿蜒，峰峦叠嶂，沟壑相连，一年四季各种野果交替成熟，成了熊、豹、岩羊、麂子、野猪、拱猪、破脸狗（果子狸）、九几狸、黄猴、蜂猴、刺猪、竹鼠、野兔、穿山甲、黄鼠狼等野生动物的乐园。

栽完秧后，寨子里的人们稍微松闲了些。这天，草皮坝寨子的猎手又去约了城里那几个爱好狩猎的兄弟，带上几只猎狗到县城西边的水库头的山上去打猎。三条猎狗尾随着猎物的脚印，不时轻吠几声。猎人们也按先前的分工或守在丫口或跟随猎狗。约莫半小时之后，猎狗的叫声密集起来，接着传来一声枪响，然后就是猎人们隔山隔箐的呼叫声，一条麂子顺着水库边的小路急速奔跑着，到了水库下的勐烈河，它跑到河里任由河水把它漂走，在河里漂了一段之后又爬出来，往田边的小路跑。可是这一跑，竟然跑到了大街上。

一楼一底砖木结构、木板楼层的百货大楼，是全县最大的商场。它位于县城的主大街。但那时候许多商品凭票购买，所以商场里购物的人不是特别拥挤。

那天中午，太阳热辣辣的，上街的人比较少。突然，街道上传来急促、尖厉的猎狗叫声。紧接着从一个巷道里蹿出一头有两叉干角的麂子，再接着是紧追不舍的猎狗。那麂子竭尽全力想要摆脱猎狗的追咬。可是它的出现，已完全暴露在大街上，恰好这时百货大楼开着的门没有人进出，而与亮

麂子

晃晃的大街相比这里显得暗一些，麂子毫不犹豫地奔了进去，“噔、噔、噔”几下就顺着木板楼梯纵到了二楼。此时，发现麂子的购物者与售货员们又是一阵尖叫狂呼，这麂子直奔到棉布柜台下，见没有出路又折转想下楼。可是，此时猎狗与猎人，购物的，售货的，围观的，已经把它围得水泄不通……

四、老鹰叼小鸡

中午，老普寨的普三正在家门前的场院里劈柴，十几分钟后，柴劈开了，里面有许多白蚂蚁和柴虫。领着十多只小鸡的母鸡，围到了普三周围来啄虫吃。此时，一只老鹰在普三家院场的上空盘旋着，窥视着那群小鸡。在大母鸡声嘶力竭的叫声中，普三抬头望见如簸箕般大的老鹰瞬间俯冲到了他家的院场内，尖利的爪子把一只小鸡按在地上，接着钢钳一样的嘴啄向小鸡头。那只母鸡拼命地边叫边用嘴去啄老鹰的脖子，直到老鹰放弃小鸡转而去叼母鸡，母鸡被老鹰啄住了翅膀，普三才回过神来。急忙顺手抄起身边的一块长约一米的柴块向那老鹰打去。柴块打在老鹰的翅膀上，老鹰一下松了口。母鸡忍着疼痛，护着小鸡跑进了普三家走廊旁边的墙旮旯里。就在普三再抓柴块要把老鹰打死之时，那老鹰展开一米长的翅膀，扑扇了两下，两只铁爪向地上使劲一蹬，一个场院里便灰尘迷蒙，而那老鹰却乘机绝尘而去。

灰尘落下，母鸡和小鸡还在心有余悸地哀叫着，而那只被老鹰爪子按倒的小鸡仔已经被撕开了脊背。

五、春天的布谷鸟

江城的四季变化在植物上的季相非常细微，尽管也有春兰、夏荷、秋菊、冬樱花，但总是被那满眼的绿笼罩着。相比之下动物给四季粘贴的标签就要贴切和鲜明得多。如春天的布谷鸟、鹧鸪、郭公、画眉等等；夏天则是蝉的音乐盛会；到了秋天，几十只甚至上百只的麻雀就会飞到稻田里、晒场上；到了冬天，山林里、草山上听到鸟儿的叫声少了许多，只有寨子旁边的大青树上还不时会有几声猫头鹰的叫唤声。

每当春天来临，到处便可听到“布谷、布谷”的阵阵啼

声，像是在催人不误农时及早春播，这就是神秘的杜鹃鸟鸣声。在春夏之际，杜鹃鸟会彻夜不停地啼鸣，它那凄凉哀怨的悲啼，常激起人们的多种情思，加上杜鹃的口腔上皮和舌头都是红色的，古人误以为它“啼”得满嘴流血，因而引出许多关于“杜鹃啼血”“啼血深怨”的传说和诗篇。杜鹃是典型的巢寄生鸟类，它不筑巢、不孵卵、不哺育雏鸟，这些工作全由小杜鹃的义父母代劳。春夏之交，雌杜鹃要产卵前，它会用心寻找画眉、苇莺等小鸟的巢穴，目标选定后，便充分利用自己和鹞形状、大小及体色都相似的特点，从远处飞至。杜鹃飞翔的姿势也很像猛禽岩鹞，飞得很低，一会儿向左，一会儿向右地急速转弯。间或拍打着翅膀，拍打得很响，用

❶ 黑脸噪鹛

❷ 喜　鹊

来恫吓正在孵卵的小鸟。正在孵卵的小鸟看见低空翱翔而来的“猛禽”的身影，吓得弃家逃命时，杜鹃就达到了它恫吓的目的。杜鹃怎样把自己的蛋产进其他鸟的巢中呢？有的是直接产下去，而对于太小的或是难以钻进去的鸟巢，它就会先产下蛋，然后用喙小心地把蛋放到其他鸟蛋中间去。但是在放自己的蛋之前，杜鹃常常会从巢中把原来的蛋弄走一只（吃掉或扔掉）。杜鹃的体型比一些小鸟大得多，可是它产的蛋却很小，再加上杜鹃蛋与巢主鸟的蛋在形状、色彩等方面又惊人的相似，所以就可以鱼目混珠，其他小鸟也就难辨真假了。杜鹃蛋虽然小，发育却很快，往往会比巢主鸟的蛋早孵化或者同时孵化出来。小杜鹃一出世就忙着当搬运工，背着另一个小鸟（或者鸟蛋），用它那尚未发育健全的翅膀支撑着它，小心翼翼地向巢边爬去。它低下头，用额头顶着巢底，忽然急速向后仰去，将那只它背上的小雏鸟（或者鸟蛋）向上一扬，翻出巢外去。接着这个小“搬运工”滑到巢底，又钻到另一个牺牲品的下面，继续它的搬运工作。小杜鹃在其孵化出来的几小时以后就产生了要把巢中所有东西甩掉的欲望。当义母回来，看见巢中只剩下唯一的幼雏，还会把这个凶手当宠儿来疼爱，更加精心地哺育小杜鹃。小杜鹃羽毛丰满后，就不辞而别、远走高飞了。杜鹃虽然育雏习性不好，但它是著名的嗜食松树大敌松毛虫的鸟类。松毛虫是许多鸟类不喜欢吃的害虫，而杜鹃却偏喜欢它。一只杜鹃每小时能捕食一百多条毛虫，是地道的“森林卫士”。

六、一个老猎人的回忆

年近七十的萨哲大叔高个、清瘦，理了不到一寸的短发，却见不到一丝白发。

萨哲大叔曾经是个猎手，为了养家糊口他打过豹子、熊、麂子、马鹿、白鹇、野鸡……到寨子的公路边有一棵橄榄树，萨哲大叔的家就在旁边。橄榄树下还有一块大石头，石头上有一个大碗般的凹坑，这个如同碗形的坑不论春夏秋冬、白天晚上、天晴下雨，永不干涸。从前过往的人每每至此，都会坐在橄榄树下歇息一会，再喝一口甘洌的石碗水。当橄榄成熟的季节，嚼一枚橄榄，再喝一口石中的水，就会觉得困乏全消、精力充沛。萨哲大叔告诉我，这棵橄榄树上曾捕获过一头山猁。那是20世纪70年代末，合作社还办着大食堂，农闲时候，社长就安排男人们抬上猎枪、带上猎狗，到山上去“撵山”。那天，男人们进到石人崖山林里不久，猎狗就开始吠叫了。之后，有人打了一枪，说是一头山猁。这头山猁受到猎狗的追咬和猎人们的四面围堵，只好慌不择路地狂奔而逃。这山猁先从石人崖跑到了石门坎，接着跳过干箐河，顺着寨脚的石岩小路跑，来到橄榄树边恰好有一个坎，它奋力一跳，不偏不倚正好夹在了这棵橄榄树的两杈中间，它的前后脚都着不了地，无法发力，就这样被夹住了。

萨哲大叔说，他自己打到猎物后，都会分给每家每户一点，有时如果打到的猎物太小，就会煮熟了连肉带汤的每家送去一碗，只有像鹌鹑、麻鸡这样小的才会自家吃，当然如果要是两三个人一起去的话，这样的小东西，就在山上烤着吃了。

萨哲大叔的儿女们都在外面工作，只有他和老伴在家。本来儿女们要他们到县城里生活，但是他去待了一段时间，怎么也适应不了出门就是转街、进门只能看电视的日子。儿女们只好让他们又回到了瓦竜。

萨哲大叔家的房檐上、堂屋里有许多早年他捕猎的见证：马鹿角、野牛角、山猁角、麂子角……熊皮、豹皮、猴皮、蛇皮，野猪牙、豺狗牙、黄鼠狼牙，刺猬毛、白鹇毛、野鸡毛、老鹰毛和一些动物的骨骼。每当清晨太阳暖暖地照进院子里，或夕阳斜斜地伸进院子里时，萨哲大叔常常会去触摸一下这些曾经的战绩，站在院子的走廊上对着远山发一会儿呆。

果子狸

他每顿饭都要喝一两酒，多一口不喝，少一滴不行。对此，他的儿女们为他的身体着想，一直在劝他不要喝，尤其是早上不要喝，而他的老伴则是心疼地默许了。

就在我要离开这个古老且有着许多故事的寨子的前一天下午。晚饭时我又与萨哲聊起了他的打猎经历，而他则给我讲了另一个故事。

在狮子岩悬崖下有一片丛林，丛林里长满毛竹、藤萝、灌木和一些低矮的喜阴植物。狮子岩的岩石缝里常年渗出水流，滋润着这片丛林，丛林一年四季都是郁郁葱葱的。在这低矮的喜阴植物丛中，有一种不知名的植物，它的躯干呈节状，中空，半米高，有嫩笋，嫩笋顶端有新叶，呈嫩黄色。这种植物在大山中分布极少，只在狮子岩下的阴坡地生长。大山里有一种珍稀动物——岩羊。岩羊最爱吃这种嫩笋，所以有嫩笋生长的地方，也有岩羊的身影。岩羊在山林中很少见，以前在村里只是传说，后来有人在夜间听见一种奇怪的叫声，短促而粗壮，像从地底下发出的，传过几片山林、几道箐沟。乍一听还感觉不到，只有当一个人静静地躺在床上，翻来覆去睡不着的时候，越听声音越清晰。开始寨子里的老人们觉得，这声音是一种不祥的预兆。后来，寨子里的腊火拉嘎说，那叫声是野山羊发出的。

腊火拉嘎是一个猎人，早年娶了一个老婆，是山那边的阿卡人，年纪小他十岁。她娶来的时候，又黑又瘦，头发枯黄，穿一件黑色的长卦裙，胸部平塌塌的。眼睛不时瞅一下人，又羞涩地垂下眼睑。看着身边这个瘦小的女人，腊火拉嘎的疼爱之心油然而生。他觉得有责任也有能力让自己的老婆强壮、丰满起来。

于是腊火拉嘎白天干农活，到了傍晚，就带着猎枪，一个人钻进深山树林。每天他总能打到麂子、老熊，或野兔、斑鸠。这些野味不断地调补着他的老婆。他的老婆在第二年生了一个孩子之后，就成了一个丰满、健美，让腊火拉嘎爱不完的女人了。

既是猎人，无疑深山老林里有什么新奇动物也是腊火拉嘎第一个知道才告诉大家的。发现野山羊的那天晚上，到了后半夜，腊火拉嘎在一片树林里转了一圈，并没有发现什么猎物，在回来的路上，当穿过岩峰山下的丛林时，刚好听到那沉闷的声音，腊火拉嘎不知道是什么怪物，心里顿时有些发毛。但当那怪声一下下传到腊火拉嘎的耳朵里时，腊火拉嘎的好奇心又被勾起，他猛地喝了几口酒，前前后后思索了一遍后，寻着那声音走去。丛林里的灌木长得密密匝匝，还有藤蔓缠绕，腊火拉嘎撩开藤蔓，一步一步接近声音的源头，一直走到狮子岩崖壁下。狮子岩峰高百丈，光溜溜的像一匹白布，岩壁下是一片低矮的草丛，腊火拉嘎借着银色的月光，看

见一个黑色的影子，像是一只岩羊。但那发出的叫声，却和岩羊差得太远。腊火拉嘎想看清楚那东西的模样，于是按亮了手电筒，一道白光刷的照过去。一头背披着金色短毛的家伙，望着电筒光发怵。那家伙头上的尖角向前拱了拱，像是在挑战。腊火拉嘎继续向前逼近想看个清楚，那家伙忽然警觉了，扭转身子奔到岩壁下。几个纵身，蹦上石壁，往悬崖上去了。从奔到岩壁到消失就在一瞬间，仿佛一个金黄的影子在崖壁上晃动了几下，就消失了。腊火拉嘎根本没有看清它上崖壁时的任何细节，只能通过那崖壁上被踏落下来的石块判断，它蹬地时后腿应该特别有力。腊火拉嘎仔细在草丛中寻找那家伙留下来的蛛丝马迹，发现那一片草丛中一种植物的嫩笋被那家伙啃吃了大半，都是从半腰啃断的，剩下的半截的顶端流出新鲜的汁液。腊火拉嘎又仔细观察地上，发现还有粪便，一粒一粒的，豌豆粒大小。

腊火拉嘎向老人们描述那次奇遇时，老人们露出了惊讶的神色，半天没有回过神来，最后吐出了一个名字——野岩羊。老人们回忆起了新中国成立前的事，那时候山林里还有老虎、豹子、豺狗，岩羊也很多。但新中国成立后，岩羊就渐渐地绝迹了，后来连名字也忘记了。这次经腊火拉嘎描述，老人们脑海里关于岩羊的样子才慢慢清晰起来。

这无疑是一个重大发现，听起来令人振奋。而最新发现这个动物的人是腊火拉嘎，腊火拉嘎成了寨子里的名人，人们开始对腊火拉嘎感兴趣了。腊火拉嘎在每天下午太阳落山那会儿，就坐在寨边人们休闲时常聚在一起的那个大青树下的石头上，手里抱着那把猎枪，腰间拴着一袋铁砂子，磨得沙沙响。腊火拉嘎一边小心地把纸片上的黑火药倒进枪膛上的小孔里。一边聊着他打猎时的那些事情，人们放下锄头，听腊火拉嘎讲。那年腊火拉嘎在石人崖打白鹇，那件事情我是记得的，那时我在家里，只听到轰的一声响，但并不知道

竹　鼠

后来的结果。腊火拉嘎讲，那时半空中刚好有两只白鹇飞过，他随意举起枪，只瞄了一下就开枪了，枪响后掉下来的是两只白鹇，两只白鹇被打了个对穿。人们听完后沉默不语，证明人们是相信腊火拉嘎的本领的。

太阳快要落山了，腊火拉嘎在自家的苞谷地里除完草，就独自一人朝黑森森的树林走去。腊火拉嘎多次去岩峰山下查看野山羊的踪迹，有时干脆猫在丛林间或爬到大树上等。一等就几个小时，有几次他都看到岩羊再次出现，还是那孤单单的一只，它发出的沉闷的叫声有些悲伤，短促的声音让人感觉心里发慌。岩羊在浅草丛中吃完草，再去竹棚里找几桩鲜笋吃了，就腾着蹄子欢快地往岩壁上跑去。

腊火拉嘎每次打完猎，就从皮者河桥头处上坡，从山脚爬到山顶。午夜 12 点钟后，第一次听到腊火拉嘎在桥头边的上坡处干咳半声，然后就是一路断断续续的咳嗽声，一直等声音到达山顶，仿佛是那个咳嗽声在摸黑爬坡一样。住在山这边的人判断着咳嗽声在山间的位置，就知道腊火拉嘎打猎回去，已经爬到山坡上那个位置了。腊火拉嘎的咳嗽没有人回应，只有那夜猫子有时候会喔喔地应一两声。腊火拉嘎实在觉得孤独时，就用强光对着山这边的院子照射，希望有人能隔河应个声。然而这样的应声十次中还没有一次。

人们最后一次听到腊火拉嘎在山坡上咳嗽，是在岩羊被射死之前的一个晚上。自那以后，腊火拉嘎再也没有扣动过扳机。只是时常拿出猎枪来，用铁砂纸把枪身擦得乌黑发亮。

不知道山里有岩羊的消息是怎么被传出去的，突然有一天，外面来了好几个猎人，都扛着猎枪，他们在山林里围捕，还真打死了好几只岩羊，岩羊乌黑的血迹把人字坡路上的石梯子浸湿了。自那以后人们再也没有听到那短促而沉闷的叫声。

寻找人象冲突的出口

野生亚洲象现身江城，是回归还是要远走？这片亚洲象曾经的家园，布满了野象祖先的足迹。而如今，江城的山水，再难找一片野象的乐园，野象的脚步日趋沉重，野象的明天何去何从？惊喜后冷静下来的江城人陷入更深的沉思之中。

2011 年 10 月 18 日早，江城县整董镇农民陈三发现自家地里的窝棚一夜间变得一片狼藉，窝棚内的锅碗瓢盆七零八落，田地里种植的玉米、芭蕉、橡胶等农作物也被某种动物糟蹋。发现情况后，陈三及时向整董镇党委、镇政府做了汇报，镇党委、镇政府第一时间向县林业局、森林公安局反馈了情况。在请示县领导后，林业局、森林公安局迅速组成工作组，火速驱车前往整董镇大夹槽事发现场核实情况。

现场留下的大脚印和粪便充分表明，肇事者为野生亚洲象。农民张平称，他曾亲眼见到过野象，当时勐旺地界的野象有 21 头，其中 18 头过江来到整董地界。一时间，江城出现野生亚洲象的消息不胫而走，人们心里既惊喜又好奇，每逢周末常有人驱车赶往整董，想一睹野象真容。信仰小乘佛教的傣族群众更是以大象的到来为福祉，因为在小乘佛教里，

公路上的亚洲象

大象是才华与智慧之神迦尼萨的化身。

2011 年整董的野生亚洲象数量为 18 头，2012 年增加到 24 头，2014 年又增加到 46 头。这些增加的野象除少数新生小象外，多是从西双版纳方向迁徙而来的。西双版纳是我国主要的野象栖息地，建有国家级自然保护区，面积 241776 公顷，由勐腊、尚勇、勐仑、勐养、曼搞五大片组成，而江城县整董镇正好处于勐养保护区边缘。如此分析，这些野象极可能就是从勐养保护区向外扩散，迁徙到整董镇的。但从另一个角度讲，这些野象的出现，我们或许不该说“到来”，而应该说是“回归”，因为历史上江城本来就是野生亚洲象的栖息地。1989年版的《江城县志》“自然资源·动物”一节主要野生动物名单里排名第一的就是野象。江城的很多地名、寨名也记录着这里曾是野象家园的痕迹，如牛倮河的象滚塘，康平镇的象脚山，整董镇的老象箐、象庄等等。特别值得一提的是整董镇的象庄。象庄是灰包河畔的一个小村庄，它曾与野象有着千丝万缕的关系。象庄名字的由来便与野象有关，相传过去象庄有户人家到山上放水牛，黄昏时分，放牛人把水牛赶拢时发现牛群里竟有头小象，牛群到哪儿它就跟到哪儿。傍晚，放牛人便把牛群连同小象赶回寨子里，把小象拴在寨边一棵黄槠榴树下，象庄的寨名便由此而得。据象庄多位健在的老人介绍，1965年象庄也曾发生过野象伤人致死的事件。1965年农历4月的一天，象庄的男人们组织撵山打猎，一个十多岁的小伙子在涧边追赶猎物时不幸与正在臭水泉喝臭水的象群遭遇，结果被野象用象牙挑死。据老人介绍，二十世纪五六十年代常有象群到整董镇的溪涧里喝臭水，有时即使在家里也能听到独象在深山里鸣叫的声音。这些都足以说明，江城曾是野象的家园。而时隔近半个世纪，野象再度现身江城，这极有可能是曾经远走的野象家族又沿着祖先的足迹回归故土了。

象是目前陆地上最大的哺乳动物，属于长鼻目。曾经一度分布广泛、数量众多，种类曾达到四百多种，而现在只有一科两属三种，即象科、非洲象属和象属，非洲象有热带草原象和非洲森林象两种，象属只有亚洲象一种，也叫印度象。非洲象分布于非洲中部、东部和南部。亚洲象分布于中国云南南部，国外见于南亚和东南亚地区。

亚洲象群是母系群体，由雌象做首领，以家族为单位生活，每天的活动时间、行动路线、觅食地点、栖息场所等均听雌象指挥，而成年雄象则分散在群体周围，只承担保卫家庭安全的责任。野象平均寿命可达60岁。由于食物相对精细，驯养大象平均可以活到 80 岁，甚至 100 岁。现在全世界野生亚洲象的数量在 34000 到 47000 头之间，分布在亚洲的 13 个国家，其中 60% 以上在印度、10% 在缅甸、8% 在泰国，马来西亚与斯里兰卡各占 6%。我国只有云南省有少量野生亚洲象出没，数量不足 300 头，只有野生大熊猫数量的 1/7。

在古代，从西亚的两河流域，往东延伸到中国的黄河流域，都曾经有亚洲象活动的踪影。据说河南的简称豫字的由来便与亚洲象有关。在《吕氏春秋》中记载，商王曾经骑象攻打东夷部族，这足以说明如今的河南曾经也是亚洲象的家园。这样看来，从古至今，亚洲象的生存空间就像一潭不断干涸的水，面积一直在不断缩小，且向赤道附近移动。在我国，目前只有云南省西双版纳、普洱、临沧三个州市有野生亚洲象出没。

导致亚洲象生存空间不断缩小、野生亚洲象数量锐减的最主要原因，是人类对自然的过度开发和对环境的大肆破坏。野生亚洲象栖息的地域都是人口密集的发展中国家。全世界 1/5 的人口在此居住，并且人口以每年 3% 的速度递增，加之全世界对该地区资源的共享，使得留给野生亚洲象的生存空间越来越少。1990 年有 2000 头大象的越南，到 1998 年仅剩 150 头。在泰国，野生亚洲象面临的直接威胁来自象牙交易、幼象偷猎、非法采伐，间接的威胁更

广，其实也更严重，农业、种植园、人工桉树林、工业园、大坝、公路建设和自然保护区内的合法商业砍伐等愚蠢的短视经济发展政策，使野生亚洲象的生存环境遭到严重破坏。1992 年以前的 20 年间，泰国森林覆盖率从 90% 下降到 20%，当 1989 年禁伐令颁布的时候，70% 的森林已经被砍伐殆尽，且非法砍伐也未停止。种种开发建设都在威胁着仅存的森林。20 世纪初泰国的野生亚洲象数量为 30 万头，1957 年下降到 2 万头，而现在仅存 3000 多头，更为保守的统计数字显示仅存 1000 多头。

在亚洲象家族中，小的雌象长大后依然留在象群里，而成熟后的雄象则被赶走。亚洲象每胎只产一仔，小象要在母象肚子里待上将近两年才出生，初生幼象将近一米高，100 公斤重，接下来的 4 至 5 年里，小象和母象及其他雌象一起生活。在哺乳小象期间，雌象不会再生产，而小象要长到十几岁才具备繁殖能力。所以亚洲象的繁殖周期是相当漫长的，这样漫长的繁殖方式在种群面临种种威胁的时候无疑是致命的。

以上诸多因素综合起来，把在地球上繁衍生息了上千万年的象推到了灭绝的边缘。

我国野生亚洲象种群数量从 19 世纪早期至今已经下降了 97%，我国境内现存野生亚洲象数量不足 300 头。2014 年江城境内的野生亚洲象数量为 46 头，占全国野生亚洲象总数的 1/6，由此，江城也就承担起了保护野生亚洲象的重任。保护野生亚洲象与保护其他野生动物不同，保护其他野生动物一般只要保护好环境，不肆意捕杀便能取得良好效果，而保护野生亚洲象的难点在于野象的活动范围大、破坏性强且不惧怕人类，它是被动地与人类争夺生存空间。所以保护野生亚洲象与保护藏羚羊不同，保护藏羚羊重点在于制止杀戮，而保护野生亚洲象重点在于让出野象的生存空

❶ 牧场里的亚洲象

❷ 咖啡地里的亚洲象

间，但有一点是相同的，主动权永远都掌握在人类手里。

野生亚洲象每天要走 16 至 18 小时去寻找食物、水源、树荫，每天要进食 200 公斤的食物和两百多公斤的水，进食占据了野象 70% 的活动时间，可以说野象几乎每时每刻都在不断地享受食物。野象觅食范围也很大，一个野象种群需要约 650 平方千米的活动范围，一天十数千米的路上，走到哪儿吃到哪儿。而且，一个野象种群的成员数量一旦达一定规模就会分裂成新的种群，而每个种群又

需要自己的领地，所以野象的活动范围会越来越大，这就增加了保护野象的压力。

随着野象初到整董的惊喜过后，当地农民的眉头开始紧蹙。野象在初到整董时大部分时间逗留在整董镇滑石板村猫飞山一带，而猫飞山一带除山头是自然森林以外，方圆数十平方千米的山腰和山脚都是成片的甘蔗、咖啡和橡胶林。一个为数几十头的象群在此觅食，当地农民辛苦种植的甘蔗、咖啡和橡胶便惨遭破坏。野象爱吃甘蔗，一旦进入甘蔗地就把甘蔗连根拔起，庞大的身躯所经之处庄稼狼藉不堪。野象不食橡胶和咖啡，但由于习性所致，象群经过的橡胶林和咖啡地也是一片狼藉。

夜间，野象还会闯入村寨寻找食盐和谷物。野象能轻易把民房掀翻，农民的太阳能热水器、自来水管等设施只要野象的长鼻一勾，就能造成严重破坏。如果人与野象在拐角不期而遇就会有生命危险。在短暂的惊喜过后，当地村民进入了来自野象威胁的惊恐之中，那种即使在自己的田地里干活或夜间在家里睡觉也会随时遭遇不测的惊恐，外人恐怕是难以体会的。为此，当地群众日出而作，惶惶不可终日，日落而息，惴惴不可入眠。

整董的象群自 2011 年 10 月迁入以来，一直在不断壮大，到 2014 年，短短四年时间，野象数量已增加至 46 头，并分成三个种群，活动范围也扩展到康平镇。野象所带来的损坏也与日俱增，截至 2014 年 10 月，野生亚洲象群已给当地群众造成约 1500 万元的直接经济损失和约 5000 万元的间接经济损失。

面对野象所造成的危害，江城县相关部门积极采取应对措施，一方面加大宣传力度，宣传野生动物保护以及人与野象正面冲突时如何自救等知识。另一方面积极争取与国际爱动物基金会（IFAW）合作，设置 GPS 监测点，聘请当地农

❶ 橡胶林中出没的大象

❷ 江畔的大象

民担任监测员、观察员跟踪监测野象行踪，通过向村民公布象群所在位置，尽量避免野象与农民发生正面冲突。同时多方筹措资金，进行野生亚洲象肇事补偿，并为农户购买野生动物公众责任险。

昔日看似平静的江城，在野象到来后，成了全球性生态危机的缩影。当我们以优越的自然条件，以极高的森林覆盖率自豪的时候，野象却无声地做了一次反驳。当我们站在猫飞山山顶的时候，放眼望去，漫山的田地，每条河流边都有寨子，每个山谷都有村落。目光所及，苍茫河山竟没有一片无人区，一片纯自然之地留给这几十头野象生存。我们可以这么认为，地球上所有生灵都有权利平等地享有自己的生存空间，包括野象。而现在，人类主宰了世界，人类侵占的已经太多，留给野象的已经太少。

野象在人类的夹缝中求生，就势必要与人类争夺生存空间，于是，人象冲突就不可避免地发生了。2014 年，人与野象争夺生存空间最惨烈的事件连续发生。3 月 13 日，整董镇滑石板村新康小

玉米地里的
亚洲象

组村民张德芬在自家咖啡地做农活时被野象踩踏致死。事发当天，61 岁的农妇张德芬一早便到自家位于青莲箐垭口的咖啡地里喷洒农药。待到中午，家人不见其回家吃饭，到地里寻找时发现张德芬已经被野象踩死。后来据位于张德芬家咖啡地对面的大黑箐小组村民介绍，当天上午，有村民看见三头野象在张德芬家咖啡地里鸣叫，看样子情绪狂躁，似乎在践踏什么东西，只是他们当时不知道咖啡地里有人。同年 4 月 12 日，再次发生野象伤人致死事件，整董镇滑石板村陇山箐村民赵家友在自家地里放地火时被野象踩踏致死。当天，66 岁的赵家友及 13 岁的儿子赵升刚在自家位于陇山箐水源地树林边的橡胶地里放地火时，突然发现身后窜出一头成年野象直奔他俩而来，两人立即逃命，赵升刚动作敏捷，逃离现场，不幸的是赵家友因年老动作迟缓，被野象追到。当赵升刚找到正在附近田地里劳作的农民前来救援时，赵家友已经被野象踩死。两起野象杀人事件发生后，当地群众陷入了极端惶恐之中，野生亚洲象活动区域内的群众都不敢进入生产区域进行生产活动。

玉米地里的亚洲象

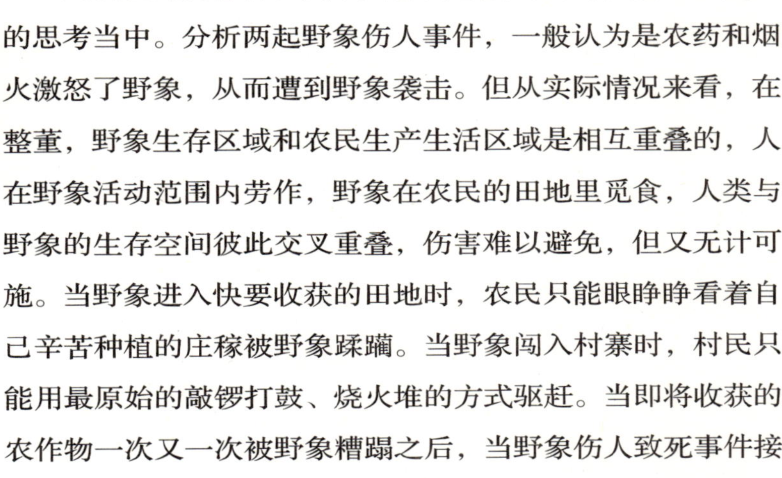

人们在为受害者及其家人感到悲痛的同时，陷入了更深的思考当中。分析两起野象伤人事件，一般认为是农药和烟火激怒了野象，从而遭到野象袭击。但从实际情况来看，在整董，野象生存区域和农民生产生活区域是相互重叠的，人在野象活动范围内劳作，野象在农民的田地里觅食，人类与野象的生存空间彼此交叉重叠，伤害难以避免，但又无计可施。当野象进入快要收获的田地时，农民只能眼睁睁看着自己辛苦种植的庄稼被野象踩躏。当野象闯入村寨时，村民只能用最原始的敲锣打鼓、烧火堆的方式驱赶。当即将收获的农作物一次又一次被野象糟蹋之后，当野象伤人致死事件接连发生之后，一些年轻人毅然决然丢下自己的田地到外地打工。对于野象，他们有恨，但无处发泄，他们唯一的希望就

江里戏水的亚洲象

是国家能采取一定措施解决野象所带来的一系列问题。

一般认为，野象会主动避开人类。但从整董象群的情况来看，象群已经不再主动避开人类，并且似乎对人类抱有某种仇恨心理，只要野象遇到人类的生产工具都会故意破坏。停在公路边的车辆、田地里的窝棚，甚至村民的自来水管都成了野象报复人类的对象，只要遇见便一律破坏。如何解决人象冲突？如何更好地保护野象？建立野象食堂、替换当地经济作物等等，人们想了很多措施，但对于种群数量不断壮大、活动范围越来越大的象群来说似乎都不能起到实质性效果。

野生动物伤人事件绝非江城仅有，印度的豹子伤人、非洲的狮子伤人等等，从表面看都是野生动物侵入人类生活区，与人正面遭遇后发生的悲剧。但我们换个角度来看，是野生动物侵入了人类生存空间，还是人类侵占了野生动物的生存空间呢？

在云南省，野生亚洲象每年给农业造成的损失都达数千万元，而政府给予农民的补偿只有几分之一。尽管补偿在逐步提高，多个野生亚洲象保护项目也一直在开展，但实际上留给野生亚洲象的栖息地还是在逐年减少。在人类与野象争夺生存空间的战争里，最好的解决办法不是补偿，而是让步，还野象更多的生存空间。而人类的经济发展应该寻找其他更好的出口，靠向自然索取来发展经济，总会有枯竭的一天。当我们面对人象冲突仅仅聚焦于防象驱象、补偿比例，或者为了应对非法象牙盗猎而考虑将象牙贸易再度合法化，然后思考如何加强管理的时候，其实忽略了人与其他物种平衡所必需的第三方，也是最重要的一方——大自然。大自然以沙尘暴的方式、以雾霾的方式，甚至以人象冲突中人类死亡的方式来提醒人类，是谁打破了平衡，是谁破坏了规则。

在我们被动面对人象冲突的时候，我们需要考虑的其实还有很多，包括我们如何保护我们的森林、如何保护我们的江河、如何维系生物多样性。也许我们要问自己，我们真的需要大象吗？也许你还在犹豫，不能回答。那么我们真的需要老虎吗？我们真的需要鲸鱼吗？我们真的需要森林吗？我们真的需要海洋吗？我们真的需要这个星球吗？保护野生动物，其实就是通过保护野生动物来保护我们赖以生存的生态环境。我们保护一种鱼类，我们就保护了一条河流。我们保护鲸鱼，我们就保护了海洋。我们保护大象，我们就保护了森林。我们保护与我们在地球上共同生活的所有生物，我们就保护了生物多样性、就保护了这个星球、就保护了我们人类自己。但这种保护绝不应该仅仅是某个地方的责任，因为，当经济最发达的平原地区的土地都被开发成农田的时候，最艰苦的山区却要为保护野生动物和原始森林而做出让步。当发达国家通过发展冒着黑烟的工业而富裕起来之后，却要最贫穷的非洲农业国家为保护狮子和角马而让出最肥美的草原，这其实是不公平的。当我们观看马赛马拉大草原上角马迁徙的纪录片的时候，心底肯定认为这是地球上最震撼人心、最美丽的画面，这无疑是人类最宝贵的财富，但我们扪心自问，保护它们仅仅是非洲国家的责任吗？保护野生动物绝不是生态还未被破坏地区的责任，特别是像保护野生亚洲象这样，发展与保护面临严重矛盾的时候，如此沉重的保护重担绝不是某个地方能够承担和解决的。在保护遇到困境时唯有退让，也只有退让才是保护的唯一出路，但如何退让？退让之后所带来的发展问题该如何解决？这些是保护野生亚洲象所面临的最根本问题，这些问题并不像保护其他野生动物那样，靠法律制裁、爱护动物宣传等手段就能够解决的。

当夕阳照在曼老江上，江水泛起层层金光，当野象群在江边一片片橡胶地和香蕉地的夹缝中缓缓走过，这些行动缓慢的巨型动物步态优雅，但每走一步都能引发地球上最沉重的回响。其实，这个在地球上生活了上千万年的物种走到今天，它们前方的路该如何走下去，它们自己并不能决定，它们的明天何去何从，主动权完全掌握在人类手里。

江里戏水的亚洲象

河流之外

江城有3江30条河流，这些江河的存在，延伸出边地江城诗性的浪漫。河流之内，我们静如止水；河流之外，我们狂泄千里。

一、从曼连河开始

我决定，我对江城河流的叙述从曼连河开始。江城多河流，最主要的大河为李仙江、曼老江、勐野江，三江环于境内，县名“江城”也是据此得来，其余河流据记载有三十余条。江城境内有两个水系，李仙江、勐野江属于红河水系，而曼老江则为澜沧江水系，分水岭就在康平镇的营盘山。曼连河起源于营盘山，沿原思江公路顺势东流，在康平境内经大草地、老富寨、老卫寨、中寨、大过岭、三家村、太平寨、和平寨、二官寨、白糖厂，于勐烈镇七一桥汇入勐野江。在江城众多的河流中，曼连河并不是很重要的一条，但这条小河与我的少年时代息息相关。1980年，尚不满3岁的我与父母迁到位于太平寨的中平小学，从此，我就在这个曼连河畔的小学校生活了15年。事实上，直到如今，我离曼连河仍不过是三十千米左右，在江城这样的小地方，谁要想远离谁，是不容易办到的。曼连河，也不过是一条在大地上流淌的小河。在江城，这样的河流还很多，它们的存在引不起世界的关心，也不想被世界关心，只是按万物存在的法则在那里流淌着。关于曼连河的命运，我曾经在一首诗中这样表述：

那些众多的河流
就在江城的山谷间流淌
从不关心世界
也不被世界关心
只是那样白白流淌

我多想 也就这样
一辈子白白流淌
懒散成一截多余的树桩
在山谷的风中
慢慢腐朽

2013 年的某一天，我在整理书稿的时候翻阅到这首写于 2009 年的小诗。内心怅然，决定带 5 岁的儿子讷语去看看我年少时的河流。一去之后更加怅然，其时便编发了一条微信，其文如下：

周末，携讷语出游。地点：距县城约三十千米，曼连河，我小时候生活、学习、玩耍的地方。大约也就是六七岁，我在这条河流学会了游泳，学会各种抓鱼的方法，会识别各种鱼类。对故乡最初的认识是从河流开始的，那时的曼连河对我而言是一条大河，是永恒不会死亡的，至少比人类更久远。现在我三十多岁，儿子五岁，看着他小心翼翼地走在水里，好奇，充满戒备。这不是他的错，他对河流的认识来自幼儿园，是危险、水灾、淹没这样一些词汇。如今，人对一条河充满戒备，同样，河流也弃人而去，当年的滔滔曼连河几乎只是一条小箐沟了，了无生趣，已经感受不到它的生命。我曾经游泳的河流，我曾经饮水的河流，充满生命力的河流，已经接近死亡，奄奄待毙。曾经的曼连河，只是梦中的河而已。

二、曾经以为，在故乡，河流是不朽的

我曾经见过城市的河流，那是在外念书的几年里，河的名字你可以叫它思茅河，可以叫他盘龙江，还可以叫其他什么河，都无所谓，反正是城市的河水。河岸是青灰色的水泥堤。城市的河流漂着城市的垃圾与腥味，凝滞的河水顺着加工过的方方折折的河道，一年四季毫无个性地流着。这是没有生命力的河流，忙碌的城市人只关心办公室、菜市场、天气预报、交通状况，从不关注一条河流的存在。这是缺少想象力的城市。

我所见过的另一类河流与这条河毫无共同之处，那是我家乡的河流、高原上的河流。

在我的家乡，森林是黑色的，土壤是黑色的，人们的脸膛与脚掌也是黑色的，只有河流是没有颜色的。这些河流就像是高原的血脉一般交错在家乡的山沟与峡谷之间，一辈子就那样毫无目的不动声色地流淌着。家乡的人们熟悉河流就像熟悉自己的手掌，他们生活在自己熟悉的环境中间，一生当中不会有任何惊天动地的改变。那里，人们喝的是这些河流的水，牲畜喝的也是这些河流的水，活得多么和谐、多么朴素。在云南有很多这样的村庄，人与河流的关系是兄弟的关系、是唇与齿的关系。在云南，很多河流鼎鼎有名，诗人、画家们常常从很远的地方跑

江中的挡鱼坝

来看看，寻找艺术的灵感。更多的河流则是没有名的，从来没有一首诗或一幅画中提到过它们的名字。这些没有名字的河流，流淌在更深的山谷中，是麂子、豹子、蟒蛇们饮水、觅食的地方。

在过去，江城的人们一年四季都与野兽为伍、与河流为伍。他们按照自己的习惯生活，知道夏天的时候河水会上涨，他们担心的是田里待收的水稻。他们知道春天的时候河水还小，傍晚的时候连最小的那个儿子也会从河里拎着一串红尾巴鱼回家。他们与河流的关系朴素得没有一点诗意。对家乡的人来说一条

河就是一条河，它和艺术无关、和审美无关，甚至和“河流”这样一个抽象的词语无关。它的形式是一种流动的形式，是可以触摸到的实质的存在，就是一些水与露出水面的石头。从来没有一个乡下人想过要赞美河流，他们甚至不知道自己与河流之间的情感。让家乡的人们思考河流就如同让他们思考上帝一样困难。他们生下来就注定要熟知无数的河流与山冈、要学会在其中捕鱼围猎，死后尸骨化为泥水也注定要注入河流之中。人们只有在离开家乡后才会产生对一条河流的怀念，就好像儿子离开家后对母亲的怀念。一条河流也许会流经很多村庄，而大多数人一辈子也不会离开家乡。

我曾经在一首诗中写到过家乡的河流、写到过那些说着哈尼话的人群。这些被称作少数民族的人们在表述一条河流的时候往往沉默得像一块河里的石头。他们不关心一条河会流经哪些地方，最后流向哪里。反正那是他们永远也到不了的地方、永远也不会去想的地方。他们对一条河的关注不会超过对雨水的关注、对播种的关注，然而这恰恰是最接近真理的关注，这种真理就是一堆关于生存的活计。

过去很长的一段时间里，我一直认为，在家乡，河流比生命

❶ 江中嬉戏的傣族少妇

❷ 河中嬉戏的少女

更永恒。人们可以看到一个人或一棵树死去、腐烂，但无法目睹一条河流就在眼前死亡。然而时代变了，没有什么事物是不可改变的，那种一条河的存在就意味着生命的存在的时代似乎正在消亡。如今，很多经验都已经失效，我少年时代，家乡的人们习惯于这样的经验：河里有鱼，河边的草窠里有野鼠、有蛇、有秧鸡、有蚂蟥。对于人类那是另外一个生机勃勃的世界。和大多数乡下孩子一样，我年少的时候曾经在这个世界掏过鸟蛋、挖过鼠窝，以这样的方式开始了我与自然最初的认识与接触。

三、李仙江就是故乡最诗性的河流

在昆明求学的几年时光里，我常常向同宿舍的外乡人讲述我的边地故乡、讲述家乡充满神性的大河——李仙江。那时候我往往以“三江环一县，一峰望三国”这样的语句作为

开场白。在我的家乡，提起李仙江的名字无人不知，故乡江城是一个云南最南方的边陲小县，我不知道该如何表述我的家乡才是最贴切的，那些沉默的高山与峡谷，那些说着哈尼话的人群与盘旋在高原的天空下的鹰和沉默地蹲在树丫上的乌鸦。它们存在于现代汉语之外的世界，它们的存在和世界本源的存在是一致的，是最初的存在。一切语言，一切修辞、音韵、格律，对我的家乡是毫无意义的，这是一个不能被“说出”的世界。当我说我的家乡“美丽”时，发现它正被贫穷困扰；当我说她“落后”时，家乡却向接受过多年文明熏陶的我展示出它最具独特魅力的一面。在这里，世界的舌头成了被缚之舌。我只能用合乎现代文明的准绳合乎官方文件的语言把家乡表述为：一个地处三国交界的哈尼族彝族自治县，境内

李仙江

有三江环绕。我知道这样表述家乡简直就是一种罪过。

李仙江就是环绕家乡的三条河流中最大的一条。

在家乡，流传着许许多多关于李仙江的传说，我的整个少年时代就是在这些传说中慢慢远去、消逝的。家乡的人们谈论这条河流就像谈论他们的儿子一样熟悉、亲切。一个不懂得哈尼语的人永远也无法领会家乡的人们用哈尼话说出“大江”“大河”这样一个音节时隐含的真正意思与情感。家乡的人不懂得赋、比、兴，也不懂得比喻、拟人、通感，更不懂得谋篇布局。因此，我少年时代所听到的李仙江是最真实、最本真的李仙江，这是直逼事物最初之境的真实，就是海德格尔所说的原在。李仙江，这是一条未被说出的河流。我从不相信“语言的炼金术士”这样的谎言，因此我反对所有的故弄玄虚与自作多情的抒情与渲染，语言不是魔术师，更不是独裁者，语言唯一能做的就是让事物回到事物。比起那些语言大师我更相信家乡人舌尖上的语言。在他们的口中“李仙江”就是李仙江，就是一江的水和岸边的石头以及蹲在石头上的水鸟还有水下那神秘的世界。

在家乡，大多数人都或多或少会和李仙江发生联系，对我而言这种联系就更加密切，它甚至和我的生命的诞生有关。我的母亲来自李仙江附近一个叫作李仙的村庄。我的父亲是一个会说哈尼话的小学教师，在一个叫巴嘎的寨子教书。他是一个拿鱼好手，李仙江成了他除了教室以外去得最多的地方。他常常向我说李仙江的水、李仙江的鱼、李仙江的石头、李仙江的沙滩、李仙江两岸黑森森的树林。那是一个没有哲学，也不需要哲学的年代。父亲回顾那个年代时说得最多的是他在李仙江畔和一位哈尼族少女的相遇，这位少女就是我的母亲。后来我就诞生在那个叫作巴嘎的村庄，我的妹妹也于两年后诞生在李仙。年轻的父亲和同样年轻的母亲在李仙江边的邂逅成了我们家一个永恒的话题，也留给了他们的儿

李仙江

子无限的想象。我曾多次想象过这段70年代的爱情是怎样在李仙江边悄悄发生的。这条高原上的河流，它知不知道自己的存在促成了人类社会中两个生命的诞生，这些是我永远也不会知道的事。

在家乡人心目中，李仙江是有生命的，是有灵性、甚至神性的。在这里，世界和外面是不一致的，人们信仰的上帝也不是外面的上帝，家乡的人敬仰的是自然这个神秘而强大的神祇。这种神有时候是一棵树、有时候是一条河、有时候是一块石头。在外面的世界里，在现代文明的词典中，这些统统被定义为迷信，而在家乡人眼中这一切是自然而然的事，是不值得怀疑的。在家乡，有很多事情是人拥有的知识所无法解释的，人们无时无刻不在面对着某种神秘力量，这种力量来自一个不属于人类的世界，存在于另一个时间当中，那是一个向下的后退的时间。在这种力量面前，人类永远都是渺小的。家乡的人们生生息息经历了一代又一代，而李仙江还是那样永恒地流着，这条沉默的河流谁也不知道它在想些什么。

由于父亲工作上的变动，在我还不到三岁的时候我们家举家迁往一个远离李仙江的地方。从此李仙江就成了口头上的大河、传说中的大河。三岁以前的记忆已经比空白还要苍白，从这个意义上讲，我从未真正到过李仙江。在整个90年代里，只有一次我远远地坐在车上看见了这条高原上的河流。它和我想象中的有些不一样，想象中的李仙江是一些来源于小学课堂上的语汇，是“波涛汹涌”、是“激流澎湃”、是“咆哮”、是“怒吼”，是激情的、是有力的、是愤怒的。而视野中的李仙江是一条没有颜色、没有脾气的大河，它正缓缓地从高原的峡谷中流过。那时我就知道，总有一天我一定会去李仙江的。为了去看看，为了赤着脚在沙滩上走走，为了用手摸摸河里的水、摸摸那些石头和树桩，为了听听水流的声音和江岸的风，为了把头埋进去喝一口江水。正是这些愿望构成了我从少年时代就开始的对一条大河的向往。

对我而言，李仙江是一个梦想，随着我离故乡越来越远，这个梦想也渐渐远了，但它不会死掉。对故乡的人来讲，李仙江的存在是一种习惯，家乡的人们世世代代生活在李仙江的声音里，他们在那里劳动，在那里恋爱，在那里老去、死去，他们只知道一条大河流经了故乡众多的村庄后，流向了比遥远还要远的地方。李仙江在流出故乡后，到了国境线外汇入的河流叫黑水河，最后归入红河，这是家乡的大多数人所不知道的。

四、消失的不仅仅是龙马渡口

勐野江与把边江在江城、墨江、宁洱三县交界处汇集，叫作龙马江，下游就是李仙江。面对沉默的群山和天空，我们无从知晓多年以前的龙马江是如何奔流不息的，没有白天、没有黑夜地喧嚣着，从不知名的远方流来，又流向不知名的远方。“逝者如斯，不舍昼夜。”数千年前的一个暗夜，天凉如水，还未成为圣人的孔子就是这样站在大河边发出这声感叹，从此这叹息就开启了一个伟大思想的历程。我却固执地相信，那时的孔子追问的也许并不是时间的流逝，他只不过是排遣一下自己内心深处无人领会的寂寞而已。这是一种怎样的孤独啊，一个渺小的人看着同样渺茫的江水东流，从寂寞到更深沉的寂寞，从惆怅到更孤绝的惆怅，日复一日地日复一日。

当然，作为几千年后的一条河流，

勐野江里的划舟少女

龙马江也同样不知道，此时一队马帮正从山谷深处缓缓走来。那些散漫的马蹄重重地扣在湿润的大山中，每一个蹄印都是一段记忆，只有空灵的马铃透过层层山峦传出很远，每一声都像是从岁月最幽暗处传来。在这说不尽的怅然中，一匹倦怠的马、一个满脸风尘的年轻人从路的另一头越走越近，他抬头看了看天色，打起精神，呼哨一声后说道："大伙儿哎，都加把劲，不然过不了龙马江啦。"说着一抖缰绳、催马向前，看样子他就是这支马帮的头领了。经他这一吆喝，整支马帮骚动起来，这些长年奔波在异乡风尘中的男人们也开始生动起来，马队的脚步明显加快了。有人扯着嗓子唱起了听不懂的歌谣，整个山谷一下子活过来了。年轻的马锅头看上去很满意，紫黑的脸上裂出了一道笑容，露出了一口健康、好看的牙齿，他用力一甩鞭子，也跟着唱起来。

当这支驮满货物的马帮到达龙马江的时候已经是黄昏时分，渡客的小船停靠在江岸边，正在从江心一阵紧过一阵涌来的波涛中无助地颠簸。年迈的船家正在整理着缆绳准备把小船系牢。

看到这情形，年轻的马锅头翻身跃下马背，还未到江边就大声

叫唤："船家，过江，我们要过江。"老人停下手中的活计，看了一眼这支人困马乏的队伍，回答得很干脆："天黑浪大，过不去啦。"老人浑浊的声音立刻就被江风吹散了，他又低下头只管忙自己的事。年轻人显得有些焦虑，但看看天色，又看看江面的风浪，欲言又止，最后只得无奈地回身招呼："大伙把马驮子下了，明天一早过江。"这些外乡人马上着手张罗起来，今晚的龙马渡口肯定不会安静了。此时最后一抹夕阳正缓缓从江岸边一块赭红色的石碑上悄悄消退，人们还可以看见石碑上简单地刻着"龙马渡"三个字。

以上这种情景当然只能是发生在20世纪40年代的事了。

今天的龙马偏居一隅，远远地落在了时间的后面，已经被世界忘记了。那些房子与村庄像一个进入垂暮之年的人一样，老掉了，那些无数马帮与人群走过的道路也荒芜在了岁月的杂草丛中，也许在等待着下一次的轮回里与某一个足印再次相遇。谁又能想到，如今寂寥的龙马渡曾经是20世纪40年代宝藏乡沟通外界的一个要道，龙马渡口曾经在遥远的过去有过短暂的热闹。我想起到龙马江的路上有一个寨子就叫作瓦科，"瓦科"在彝族话里就是"藏东西的地方"。寨子里一位老人告诉我们，过去普洱县、墨江县、元江县一带的马帮来水城驮盐巴贩卖，往往到这里的时候便开始生火做饭、休整队伍。第二天接着赶路，就把不方便携带的锅碗瓢盆等家什找个地方藏起来，下次来的时候再找出来使用，久而久之"瓦科"这个地方就叫开了。可见，当年的龙马渡口曾经有过别样的繁荣。

龙马的这段过去，得益于其特殊的地理位置。江城县境内的勐野江与从墨江县、宁洱县流经而来的把边江在此交汇成了龙马江，这就是江城最主要的河流李仙江的上游。沿江而划，龙马与宁洱、墨江两县相邻，在那个遥远的年代，外地的马帮们就是通过龙马渡进入宝藏，这里有着中国最早的钾盐矿之一的勐野井盐厂。那些白色的盐巴，浸润着龙马江的湿气和山间的重雾，正是通过龙马渡口被来来往往的马帮驮到了我们不知道的远方。

这些都是很遥远很遥远的往事了，如今的龙马江和这个世界上大多数河流一样，也走上不可避免的宿命，这个命运的结局是喜是悲，我不得而知。龙马渡口，已经随同那些往事被淹没在了水底，我们今天能看到的只是一个波澜不惊的人工湖而已。

五、陆地上的异数——土卡河

很久以来对我而言土卡河是一个遥远的地方，这种遥远不是来自于地域上，而是来自内心。很多人都知道，土卡河素有“陆地上的小渔村”“高原渔村”的美名，对江城这个高原上的小城镇而言，这确实显得有些与众不同。生活在高原上的人们，他们走过众多的高山与峡谷、走过众多的树林与江河，他们信仰的哲学是大山的哲学。有时他们也会膜拜一条大河，也仅仅是某个峡谷中沉默地流来又沉默地流远的一条河流而已，体现的只是“智者乐水”这样一种古老的智慧。他们的生活似乎和“渔村”这样一个充满水泊气息的名字沾不上边。然而土卡河就是这样一个陆地上的异数。江城处于云南最南方的大山中，多数地方海拔在一千米以上，最高的地方达到 2207 米，而土卡河位于江城最主要的河流李仙江最下游，是普洱市海拔最低的地方，只有 317 米。李仙江由此往下约 3.8 千米与越南的楠马河汇聚后再往下约两千米与经绿春而来的小黑江汇合，这里就是中越 17 号界碑了，这一段河流叫黑水河（越南称沱江），最后流经越南汇入红河，从土卡河寨子经李仙江顺江而下，大约五千米就到了越南。这个国境线上的小渔村就这样与邻邦越南相互守望，不知道已经多少年了。“高原渔村”听起来是一个多少有些悖论的命名，却也彰显了土卡河的神奇与迷人，再加上它地处边境线的神秘性，吸引了很多远方的人跑到这里来，看看这里的江水，

❶ 土卡河边的休闲者

❷ 土卡河村渔民

摸摸寨子里的篱笆和树桩，吃上一锅用山泉水煮的江鱼，期待与一个越南女子的美丽相遇。然而作为江城土著的我很久以来却一直没有机会到土卡河看一看，甚至很多时候我所知道的土卡河是来自外地人的口中，所以在我的心里，土卡河一直以来都是一个遥远的地方。

第一次接近土卡河，应该是十年前的事了。那是大学毕业前的一年。一次在云南大学旁文化巷的一个小酒吧遇上了两个人，一聊之下，他们居然刚刚从土卡河回到昆明，在他们的口中，土卡河是一个“平静、质朴，集羞涩、大胆于一体”的地方。那天我们相谈甚欢，从土卡河的边地特征与民俗风情谈到土卡河及越南青年男女之间相互往来的种种浪漫趣事。最后的结论是土卡河那样的地方，正在从世界上消失，所以在它还没有被“全球化”的时候对有些人来说是值得去一回的。回到学校后我心里黯然，对家乡的土卡河竟还不如一个外乡人理解得透彻。于是下决心一定要到土卡河走一圈。

那是2001的夏天，无休无止的雨水一直在江城的天空中淋漓不绝。无数个下午，我坐在窗前看着雨水丝毫没有停下的意思，绝望地怀想着与我

土卡河电站

不到百里的土卡河而无所事事。就在我心灰意冷的时候，这场下了近半个月的雨却在一个早晨毫无征兆地停下来了。天一放晴，我立马与先前就约好的几个朋友联系“可以出发了？”得到的答复是：“急不得，要多晴几天，要不然还会堵路。”幸好接下来的几天里，天空一碧如洗。那一天我们一行四人驾着吉普车从县城出发了。土卡河属于曲水乡，距县城大约八十千米。车子在泥泞颠簸的乡村公路上行驶，路况确实很糟糕，正是那种传说中“晴天一身灰，雨天一身泥”的沙石路面。这几天雨水才过，地面还很潮湿，没有灰尘，但坑坑洼洼的路面还是让我们几个吃尽了苦头。这样颠头簸脑地行走了五十多千米，就到整康坝了。因为从县志上了解过整康坝有两棵珍稀植物大树花生（滇南乃木），就对这里格外留意了一下，结果还真的在路边看到了这种大名鼎鼎的大树。过了整康坝，路面一下子就变窄了，路况也差了许多、险了许多。路面很滑，很多地段路下方就是深不可测的山沟。我们坐在车上提心吊胆，“不敢高声语”，这让我想起一位老师的话：“美的尽头就只剩下战栗了。”真正美好的东西永远都是唯一的而且是不易获得的，所以我对美总是怀有一种害怕，害怕那种绚烂一瞬之后的黯淡。我们现在正处于这样一种恐惧当中，我把他理解为这是为了向往土卡河必须经历的恐惧。走了大约十千米，迎面驶来一辆越野车，车上的人不住地向着我们挥手，我心内一紧，看那意思好像是要我们回头。两辆车靠近的时候双方都停下来。“咋个回事？”“调头、调头，塌方啦，过不了。”“在哪道？”“前头1千米，至少要两天才挖得通。”就这样，我的第一次土卡河之行在遗憾中草草收场，我曾经离土卡河那么近，但最终还是没能看到它。

此后的很多年里，我其实也有很多的机会到土卡河。这时候常常有到整康坝的机会，但都是因为工作的缘由，主要就是陪同跟单位、业务有关的各色人等，目的也很简单明了：买江鱼。这种行程都是模式化的，驱车直达整康坝（此时江城到整康坝已经是柏油路面了），到当地的饭馆买一条他们从渔民手中收购的长胡子鱼或是面瓜鱼，然后就打道回府了。他们大多数人只知道这些鱼来自土卡河，但对于那个隐藏在江岸边的小渔村却很少会有人感兴趣。所以我一直一次又一次地与近在咫尺的土卡河擦肩而过。古龙在《陆小凤传奇》中描绘过一个绝世女人公孙大娘，此人剑术、轻功、易容术冠绝天下，但她给我印象最深的却是其中一个细节。她“喝酒要有喝酒的衣服，比剑要有比剑的衣服，同样，比轻功自然要有比轻功的衣服”。我们虽然做不到这样的境界，但和什么样的人才能做什么样的事，和什么样的人不能去什么样的地方，这点讲究还是有的。和某些人到土卡河这样的地方难免会扫兴，到土卡这种地方当然要与适合的人才能一起去了。所以这么多年来我一直没有到过这个向往已久的陆上小渔村，土卡河对于我来讲依旧是一个很遥远的远方，直到这一次受李启学、刘卫宁的邀约。

五月份的土卡河已经很炎热，我们走进江岸边的小村寨的这个下午，寨子里的宁静被稍稍打破了一下。有几户人家的狗朝着我们叫起来，看到我们并没有进入主人的家，又回到墙脚百无聊赖地打盹，一些鸡群被我们撵到路边，几个小孩子不远不近地跟着摄制组看热闹，他们也许不会明白，这一伙突然闯入寨子的人为什么会对着他们司空见惯的事物充满好奇。在这些小孩子眼中，今天来的这群人同样也是一些稀奇的事物。当有人把摄影机对向他们时，孩子们马上就跑开了，保持着乡下孩子特有的小小的警觉。土卡河寨子就在江岸边的一个小山坡上，村民的房子依着山势错落有致。这是那种真正的农村山寨，所有的房子都是低矮、古旧的，看上去有些灰不溜秋的样子。柱子光滑乌黑，可以看出历经了不少的岁月。房顶保留着明显的常年烟火熏燎的痕迹。家家户户的门前都挂着大小不一的渔网，有一两家的女主人正在清理着渔网上的树叶和水草，见到人来，都抬起头笑笑说："进来坐嘛。"寨子说不上整洁，地上有泥巴、猪粪、鸡毛、烟盒，空气中回荡着一种难以言说的只有真正的乡下人才熟悉的气味。一看就是那种边地常有的农村，是没有经过规划的纯粹的寨子，跟它有关的词语是"居住""劳作""雨水""日出而作，日落而息"这样一些向下的、土气的词。当世界上很多地方正在乐此不疲地规划着这样、规划着那样的时候，这个遥远的土卡河却保持了一个农村应有的本来面目，这种"保持"留住的恰恰是一个村庄的根本。

我们来到村民陶云福家，他是土卡河村村民小组长，算是寨子里的一个"官"，看上去不到三十岁的样子，人很腼腆，一说话自己就先不好意思地笑起来，样子透着一种可爱的朴实。我们到的时候他正在忙出忙进地为我们张罗晚饭，一群白傣女人，大约十几个，有少妇也有大姑娘，在他的指挥下里里外外地忙个不停。她们身着白傣的传统服装，和西双版纳水傣那种明亮、艳丽的傣装不同，白傣的服装简约、内敛、古朴，走动的时候裙摆之下风生水起，隐约露出一点脚踝，就像敦煌的飞天。这些生活在李仙江边的女人总是很快乐的样子，做事情的时候相互间还在不停嬉笑打闹。你推我一下，我掐你一把，不时低着头用傣话说着什么，不时还用双眼偷偷向着我们飞快瞄上一眼，然后发出一连串笑声。那样子是又害羞又大胆。这种场合正是李启学老师发挥的时候，他故意很严肃地问："你们几个在笑什么？是不是在笑那个光头？"他指的自然是我。听他这样问，其中一个更是"吃吃"地笑起来，还一边说："光头么，有什么好笑哩，我们么，什么都不笑。"她们说话的腔调有点唱腔，还喜欢缀上一个长长的尾音"么——"听起来韵味十足。她们一接腔，李启学老师就更来劲了，很快从摄影包中翻出相机："来来来，给你们几个照张相。"其中几个小媳妇忙不迭转过脸去，急急叫起来："莫照我，莫照我，我又不是美女么。"那样子，急得似乎就要把手上的菜都扔到地上了，但看到李老师咔咔几下按了快门，却又觍着脸小声说："照成什么样子么，给我们看看瞧嘛。"逗得大家都开心地笑起来。倒是旁边的两个四五岁模样的小女孩，看到相机反而凑过来，冲镜头做出各种表情。这下李启学老师来了兴致了，提议说到江边去拍几张照片。两个小姑娘也不惧生，只是用傣话冲着里屋喊了几声，我猜想可能是在征得大人的同意。果然就见陶云福两手水渍地从厨房出来，也是用傣话向两个小姑娘说了几句什么，然后又对李老师说："要去照相么，要不要再叫几个小姑娘一起去？"此言正中李老师下怀。他连说要得。陶云福又对着正在忙活的白傣女子们说了几句傣话，就见几个身段婀娜的女子放下手中的活计，嬉闹、推搡着从厨房里出来了。

从寨子出来，沿坡而下，走不了多远就是李仙江了。我曾在文章和诗歌中多次提到过它，我就出生在李仙江上游一个叫巴嘎的哈尼族村庄，过去那里很多河段水流湍急。而到了国境线旁，它不急了，慢了下来，近乎知道最终的归宿已经不远。来到江边，江水干净、清澈，水面上有一点点风，水流平缓，永远也不会着急的样子，这是一条沉默的河流，但我们不知道它安静的外表下隐藏着的力量，所以这也是一条令人害怕的河流。江的对岸是一片黑森森的树林，隔着江水看不清有些什么树，偶尔有几声鸟叫传过来。此岸是一片鹅卵石滩，那些石子灰压压一片，其中间夹着一些白色的马牙石，都被中午的阳光晒饱，此时正散发着一点点温热，赤脚走在上面，很舒服。岸边的浅滩上搁着几只猪槽船，都很旧了。李启学老师他们就在那儿拍照，要求那几个白傣女子在船只上摆出各种姿态。她们曼妙的身姿映衬在身后的江水中，正在这个黄昏的时光中定格。摄影我是个外行，就和同来的几个伙子坐在石滩上看他们拍照、闲扯。李仙江里鱼类很多，大的有长胡子鱼、面瓜鱼、青鱼、弯丝鱼、大肚子鱼等等，小的像红尾巴鱼、大嘴鱼、细鳞鱼等更是不计其数。我问他们，现在江里还有没有上百斤的大鱼。他们说都没见过那么大的鱼，只有老一辈的人才捕到过，现在能捕到 30 多斤的面瓜鱼或是长胡子鱼已经算是大鱼啦。特别是这几年，李仙江上游闸起了大水坝，建了四个水电站，鱼都不上来啦，再过几年可能面瓜鱼都要绝种了。他们还说起，现在寨子里就有几户人家的媳妇是从越南讨过来的，还有的人家过去本来是越南人，很早以前搬来土卡河就不回去了，后来就成了中国人。越南那边也有从土卡河搬过去的人家。我就开玩笑，听说越南姑娘长得好看，什么时候我也来土卡河讨上一个越南媳妇。他们一听就起哄了，指着一个伙子笑起来："喏，喏，阿三的媳妇就是越南讨来的。"那个被叫作阿三的人一下子脸都红了。原来过年的时候有两姐妹从越南来土卡河串亲戚、杀年猪，寨子里的年轻人听说来了越南姑娘就来凑热闹，一起喝酒玩耍。结果姐姐看上了阿三，就不停地和阿三拼酒，后来大家都喝醉了，到晚上的时候，姑娘就着醉意悄悄钻进了阿三的房间。借着酒胆，阿三也没客气，两个人当晚就成全了好事。天亮的时候，酒也醒了，姑娘就一句话，反正要嫁给你，阿三想想，反正父母也在催着自己成家，再说生米已煮

成熟饭，也要对得起人家姑娘。于是一段跨国姻缘就成全了。我在想，多年以后如果阿三回忆起这个美妙的夜晚，他的内心仍然会被这种难以言说的幸福满满地充盈着。

不经意间，天色暗了下来，江水不再呈现出碧青色，而是变成了一条灰色的带子，消融在了远处的暮色里。这种光线已经不好再拍照片了。回到寨子里，酒菜已经上桌。到了土卡河当然要吃鱼，菜肴里自然少不了招牌的清汤面瓜鱼，其余的菜有涩叶拌生鱼片、芭蕉胎炒蚂蚁蛋、凉拌河苔等，都是一些本地的家常小菜。人还没落座，早有准备的几个小媳妇端着酒碗就来灌酒了，也不说什么身体健康啦、工作顺利啦之类的客套话，一上来就是："来了么，就喝喽。"感觉不是在向客人敬酒，而是在对刚刚回家的亲人说"回来啦"，这样的酒实在是难回绝，只能就范。几口酒下肚，我的豪

土卡河妇女

气也被激出来了，想想这几年在社会上摸爬滚打，也经历了不少酒场，还会怕这几个小娘们。也就放出狠话来：“想我白尧刚行走江湖十数年，喝酒无数，还怕了你们几个小婆娘不成？”人家也现学现卖：“想我们几个小婆娘，还怕你一个白尧刚？”一时间只见觥筹交错、酒气冲天，点燃了大家的豪情，气氛被完全调动起来。几个回合过后，量小如我早就败下阵来，被扶到旁边的小房间休息了，只有量大者如李启学等人还在高谈阔论、频频举杯。深夜的时候，我经过一阵子休养后醒来，听到有几个人还在酒桌上谈笑风生，经不住诱惑，决定进行第二轮的战斗。起来一看，但见桌上杯盘狼藉，场面混乱不堪，所有人都是满脸红光、醉眼蒙眬，有两个人就睡在旁边的条凳上。看到我出来，那几个小媳妇指着我呵呵笑起来，说：“来了来了，给要再吃一碗呢？”这时候刚好一个精瘦的老人端起酒碗，摇摇晃晃站起来：“今天这么多人来我家，我实在是太高兴啦，我喝了这些酒，唱一支歌。”说着他轻声哼唱起来。原来他是陶云福的老父亲，他先用傣话唱，然后一口气把碗里的酒喝了，接着又用汉话唱了一遍。这下我们听懂了，他唱的是：“土卡河，土卡河，抬头碰着天，低头看见河，吃菜河里要，吃饭河里拿。”唱完，他就踉跄着去休息了。这个在土卡河打了一辈子鱼的老人，他的歌声平实，既没有忧伤也没有喜悦，好像是在诉说一件别人的事，跟自己毫无关系。然而这其实正是土卡河人的生活写照。

土卡河村民

土卡河位于李仙江畔，这里前后不是峡谷就是高山，没有一点平整地带，看不到一片田地，村民世代靠打鱼为生，因此被称为“陆地上的小渔村”，成为江城一个独特的小村庄。但我不知道，这样的独特还能保持多久。李仙江在上游已经被巨大的水坝拦腰截断，江岸边的原始森林整片整片消灭，取而代之的是整山的橡胶树。我少年时代所认识的那条李仙江、那些峡谷、那些树林正在被飞速改变。我相信，用不了多久，那个“有一年，某某捕到一条五十多斤的长胡子鱼，那几天啊，寨子里的人喝酒都喝累了……”的土卡河将彻底一去不返了。当然，任何人都无权要求别人保持所谓的现状，也无权阻止别人追求更富裕的生活、追求物质上的幸福。我所害怕的是驱使所有的人盲目相信某一个共同的方向的那种深藏在背后的看不见的力量。在我们这个时代，一份文件就可以把世界固定成一个样子，它会把所有人都引向唯一的道路。但世界的存在不应该只有一种方式、一个样子、一个方向。世界存在的本源应该是诗意得以保留。诗意是没有力量的，因此人们漠视它的存在。而时间将会证明，无论对何种时代而言，诗意的缺失，都会是那个时代最大的悲哀。

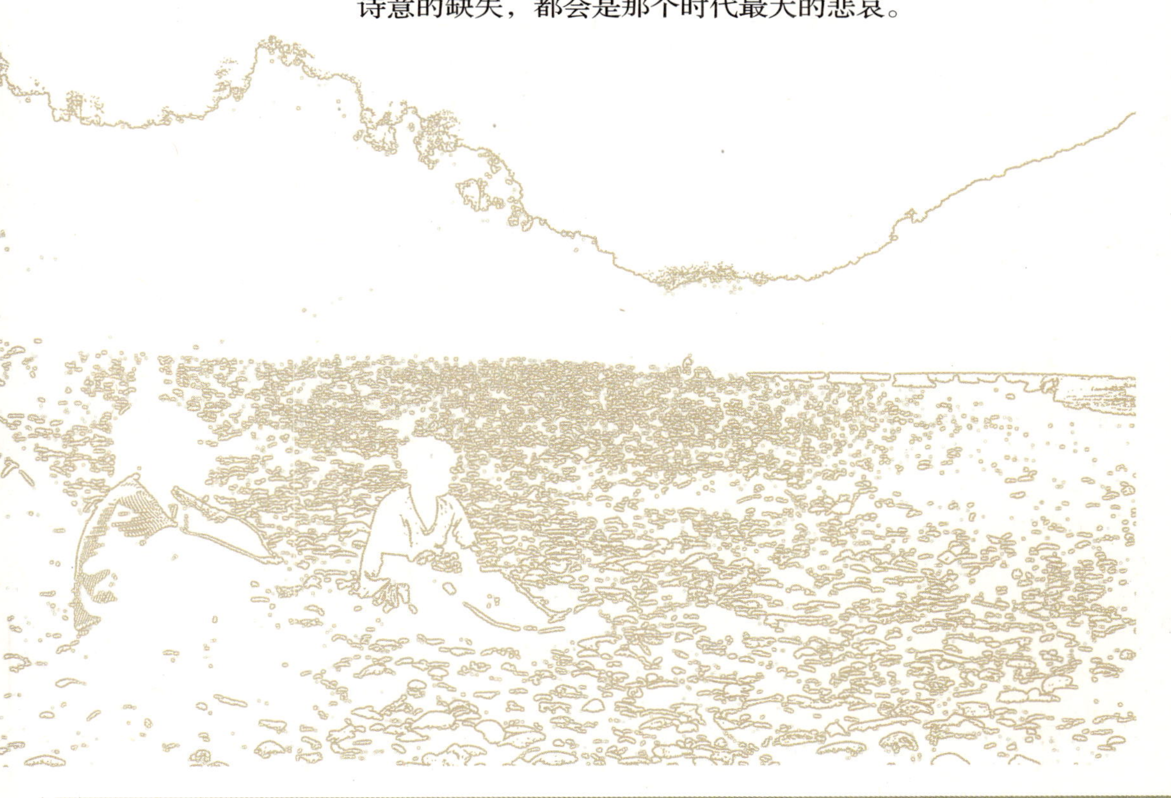

第四章
在游走三国中遐思

滇南哀牢山腹地中的江城——国门，展示着国家威仪；界碑，体现着疆土意识。从江城的勐康口岸走出去，可抵达老挝丰沙里省、琅勃拉邦、万象等地，从龙富通道出境，可游览越南奠边府等异国风光。江城，以一城连三国显示出其特色，以神秘的边地文化展示其魅力，让大家在这块土地上流连驻足。

边地木嘎

一个小小的木嘎寨子，在历史的记忆中有着曾经的波涛汹涌，甚至影响到一个县的发展进程，在橡胶种植纠纷中，这个小寨子也曾经扮演过重要角色，一种好奇心让我们走进了木嘎寨子。

一、走进木嘎

长期以来我比较关注并研究着江城的文化及边地历史，心里一直有一个纠结：要不要写木嘎。只有在本县地图找得到的小得像一粒沙子的仅有二十多户的寨子，却影响过一个县的历史发展进程。人常常一叶障目，有时连一头大象都会看不清楚，何况一粒沙子。不过一粒沙虽小也足以影响一个人的长途跋涉。2009 年处理曲水橡胶纠纷时我就在与木嘎一箐之隔的丫口寨，但因剑拔弩张的形势和手头任务过重，竟然无法走进木嘎。但这种纠结却如远古呐喊不时回响在耳边。

盛夏的一天，我开着自己的桑塔纳绕道从原边防部队驻守的 1124 高地驶向木嘎。公路虽弯弯绕绕，但因砂石路面刚刚铺压过，车子通行无阻。骄阳似火，目光所及之处或蓝天白云、或草木青葱。一路看不到一个行人，只有鸟语花香。这一切令我走走停停，不断地按下手中的快门。一个人行驶在大山上远离城市、远离人群、远离现代文明，有一分钟我突然想如果车坏在山上，手机又打不通，咋办？不借助现代工具、不依赖现代文明，适应了城市生活的我还能在这里生存下去吗？

木嘎寨子坐落在中越交界的木嘎大山的小梁子上，组长潘丰的家就在原小学校址，高居寨头，崭新宽敞，房前一棵青树苍翠欲滴。潘丰在树下支了一张厚木板打造的方桌，古朴、原始。伫立在青树下远眺，前方群山起伏，满山遍野的橡胶树随风舞动，洪浊的李仙江滚滚南去。江对面便是红河州绿春县半坡乡，也是橡胶连绵、白云片片。

潘丰和副组长刘发祥、会计小卢非常热情地让我坐在青树下抽烟、喝茶。我按捺不住，取出相机，欲揽尽边地大好

潘峰家院

河山。潘丰见我带着长镜头，也不管我的板凳坐热与否，就神秘兮兮地说要带我去看一个奇迹，迫不及待地要带我先去拍摄。他担心太阳落山后会影响视觉。

在距离木嘎寨子两百多米的苞谷地边，生长着一棵巨大的青树，需要五六个成人才能围得过来，估计有五百多年的树龄。就在这棵大树上，令人惊奇地驻扎着六十多窝当地称为马灿蜂的蜂子。潘丰介绍说多年前春天的一个正午时分，传来嗡嗡的声音，就像飞机飞来一样，在家的村民们奇怪地跑出房子一探究竟。这时，一山之隔的越南方向飘来一大片黑压压的东西，村民们都说蜂子搬家了。哪想到这些蜂子盘旋一会儿后全部歇在这棵大青树上。由于蜂子太多，驻扎的过程持续了一个下午。第二天，好奇的人们特地数了数蜂子，竟然有一百多窝。蜂子来后再也没有离开过，每年的三四月间是蜂子最多的时候，今年四月份时有 123 窝。进入夏季后开始减少，我边拍边让他认真数了一下，只有 62 窝了。前两年到澜沧县景迈山，看到那里一棵大树上也住着许多蜂子，但只有三四十窝。一棵树上能住这么多的蜂子，可能是全省，甚至全国之最了。我不知道这么多的蜂子咋会集中住在一棵树上，可能这是上天眷顾木嘎人对自然的保护。

十多年来，靠近木嘎的越南勐念县从外省外县涌入大量移民，人口从 2002 年的 3 万人增加到现在的八万多人。由于人口猛增、土地匮乏、条件恶劣，这些移民们就大量毁林开荒，原始森林遭到严重破坏，逼迫马蜂们也从越南“移民”到中国。曲水乡从 20 世纪 90 年代开始也大规模种植橡胶，至今发展到三十多万亩，大量原始森林砍伐殆尽，植被破坏。只有地处中越边境一线的木嘎山，由于边境政策规定不能砍伐，才相对完整地保留了原始形态，楠木、桦木、桫椤等珍贵树木和不知名的山花野草漫山遍野，当然也有着遮天蔽日的大青树。站在木嘎山顶远眺，白云缭绕，小鸟翻飞，风来树舞。如此风景，马灿蜂岂能不来?

最主要的是还没有外迁的木嘎寨子二十多户人家把这些蜂子当

木嘎对面的越南塔糯山

作神仙一样保护起来，不允许任何人惊扰。蜂子搬来的第一年，越南村民曾来木嘎商量说一起把蜂子烧吃掉，遭到木嘎人的严词拒绝。这些蜂子才得以在这个风景优美的地方生存下来，成为一个人与动物和谐共处的奇迹。使我能用图片和录像，把这个奇迹完整地记录下来。拍摄回家后，潘丰还取来一瓶蜂蜜让我喝，并将剩下的蜂蜜送给我。他解释说：“放心，这些蜂蜜不是从刚才看到的大青村上弄来的，而是从其他地方采回来的。”我知道江城蜜源丰富，主要有株栗花、红果花、樱桃花、棠梨花等，不计其数。农村普遍养蜂，成为农村食糖的主要来源。据《江城县志》记载：1985 年全县养蜂 5117 箱，产蜜 15000 斤。不过这几年由于大规模种植橡胶、香蕉、甘蔗、桉树，江城的蜂蜜产量已经严重下滑，蜂蜜的价格也不断上涨。

潘丰他们杀了一只老母鸡，做成鸡肉稀饭，又炒了瓜尖、猪肉几个菜，简单朴素。我们几个人在青树下就着顺山而来的徐徐凉风，把酒小酌。只可惜城里来电话要我赶回去，只好连夜返回县城，甚是遗憾。有时留点遗憾反而是一件美好的事情，好在半年后我又走进了木嘎。

二、国土得而复失

江城人大都知道木嘎这个地方，无论是历史上还是当代，它都发生了一些惊天动地的事，这些事可以说影响和改变了江城的历史进程。木嘎在历史上有名是因为晚清时出了一个名叫陈定邦的人，这个人发动了一场小规模的战争，差点改写了中越边界的历史。

陈定邦，今墨江县哈尼族人。陈定邦的父亲陈绍和伯父陈撒才二人来到当时属他郎（今墨江）管辖的木嘎贩卖土锅，结识了住在腊白拱寨子的木嘎土司杨三。那时，墨江、元江、思茅、宁洱等地的商人赶着马帮经木嘎一带进入越南做生意。据《江城地名志》记载：木嘎是哈尼语莫嘎的转音，意思为马帮大道，可见木嘎是中越之间的一条重要商道。时至今日，我仿佛还能看到马帮大道上步履蹒跚的商人，还能看到背着沉重土锅的陈定邦父辈。关于杨三其人，有人说是土司，有人说只是大地主。由于年代久远、资料匮乏，已经难以确认他的身份。江城县历史上有记载的土司只有两个，最早的是明宣德年间封的钮兀长官司，详情难考。第二个是清雍正十年（1732 年）整董召英应招从征普洱有功，授土把总，历袭 8 代。我翻阅了《中国历史土司目录》，查不到杨三这个土司的名字。但从杨三每年都必须向元江官府交纳固定的赋税来看，应该是一个小土司，暂且算是土司吧。

陈绍兄弟二人识文断字、能书会算，因此被杨土司器重，聘为文书和管家，大事小事都依托二人。陈绍二人深感杨土司的恩施信任，对杨土司俯首贴耳、唯命是从。但杨三兄弟秉性暴虐，对百姓横征暴敛，对毗邻土司也不友好。百姓积怨很深，已有造反之心。知其虚实的陈绍萌生了夺权篡位的念头，并有计划地付之行动。杨三兄弟每年向元江官府上交的赋税银两，均托陈绍兄弟二人完成。陈绍两兄弟解交银两时在缴款单上剔除了杨三、杨四，以陈绍兄弟的姓名替代。年复一年，在官府簿册上土司的主人已经变成了陈氏兄弟。陈氏兄弟见时机成熟，便密谋起事。陈绍经常从木嘎寨子到二里远的杨三居住的腊白拱寨子吸食大烟，陈撒才连续三天在木嘎寨子叫嚷："我的兄弟吃大烟要吃死了，哪个给他吃，我就要杀哪个。"第四天夜晚，陈撒才带领早已联络好的木嘎群众闯入腊白拱寨的杨家，将陈绍解救出来，并公开与杨家势不两立。杨氏兄弟如梦初醒，放出狠话说要报复木嘎。木嘎寨子处于木嘎山的一个半山坡上，周边都是原始森林，没有围墙。陈绍兄弟发动本寨村民用木头和石头封闭通道，修筑防御工事壕沟，并派人昼夜防守。杨三兄弟纠集了腊白拱寨子的亲戚二十多人攻打木嘎，反被有准备的木嘎村民杀死。陈绍被木嘎村民拥立为头目，接替杨氏土司头目之位。陈氏兄弟又发动群众，用石头和木头加固防备工事，外筑壕沟，建了3个哨所，后人称木嘎老城。那个时代土匪、强盗横行，周边农民纷纷投奔木嘎，最多时有一百多户人家居住在老城里面，后来的农民只好居住在壕沟外。2014年哈尼年节之际，我第二次进入木嘎寨子时有意识地探究老城遗址。在72岁的老村干部卢牛折的带领下，先后认真查看了陈家大院旧址、老城防护沟、木嘎土兵的练马场。据说当时木嘎人丁兴旺，原来有句话是这样形容木嘎寨的："城内一百户，城外五十户。"可以说是这一带最大的寨子。如果不看

户数，而看真实的有房屋的人家，那目前为止，江城县没有超过100户人家的寨子。1949年江城解放时全县人口只有两万余人，今天也只有十二万多。想想一百多年前，150多户的寨子在江城确实算大了。

陈氏兄弟至此终于站稳了脚跟，保住了在木嘎一带的统治地位。

陈绍有五子，依次为陈定邦、陈兴邦、陈安邦、陈跃邦、陈福邦。长子陈定邦初通文墨，长得高大威猛、异于常人。道光三十年（1850年）陈绍病死后就由陈定邦继承土司职位。严格说来陈定邦并不算真正的土司，县志上称为土目，也许更为恰当。野心勃勃的陈定邦不满足于统辖十几个村寨。他竟然跨江攻占了李仙江左岸今天绿春县萨玛杨氏土司的部分地盘，让四弟陈跃邦管辖。然后将目光锁定在南边已经归顺安南的木初和梯四两地。

在这里有必要讲一下滇越边地历史。

江城在元朝时属云南行省广西元江宣

❶ 陈定邦故居的条石

❷ 木嘎老城大路

木嘎老城旧砖

慰司元江路，明朝时在今天县城勐烈设立钮兀长官司，今江城大部都属钮兀司，而曲水却属元江府管辖。清朝时江城叫勐烈或猛烈，属元江州。但嘉庆年间，曲水镇大部包括木嘎为元江县飞地，与越南不直接接壤，中间隔着临安府管辖的木初四地。

明朝初年，朱棣派兵攻入安南，设置了交趾布政使司，相当于交趾省，实际上恢复了中国对安南的直接治理。云南和交趾同为明王朝的省级行政机构，滇越疆界在宁远州（今越南莱州省奠边省以北至中越边界地区）。滇越之间只存在普通的行政界限，而无国家之间的滇越疆界。由于当地人民的反抗，冲突激化，明朝遂于宣德二年（1427 年）撤销交趾布

政使司，重新承认了安南的属国地位。安南趁机占领云南所辖宁远州，并占领了猛梭、猛喇、猛丁、猛赖等15猛。中越疆界云南段大致退回到今中越疆界一带。1527年，后黎朝南北分裂，北部由莫登庸建立的莫朝归还宁远州，清政府划归云南临安府管辖。清前期，被安南所占的15猛中的猛梭、猛喇、猛丁、猛赖等六猛先后投诚回归清朝，隶属临安府建水州。清晚期由于民族起义等原因，政府放松了对处于边境地区的猛梭、猛喇、猛丁等三猛的统治，相邻的猛赖（今天越南莱州省）刀氏土官乘机向三猛渗透。1802年，阮福映在法国的支持下建立了阮朝，新国号为“越南”。1840年猛梭、猛喇、猛丁等三猛土司迫于猛赖土司的压力，跟着猛赖土司投靠了越南。当时临安府纳楼土司管辖的地方有个叫小三猛（为区别于15猛而加“小”）的地方，小三猛根据地理位置分为上猛（今天绿春县三猛乡）、中猛（今天绿春县平河乡一部、越南奠边省勐念县莲上乡）、下猛（衙门坡、普方、里方，今天越南奠边省勐念县箐头乡，1992年奠边省正式从莱州省分离成立新省）。与今天江城县曲水镇木嘎村相连的中猛和下猛，当时名义上是由中国的纳楼土司管辖，实际也被投靠越南的猛赖（莱州）土司控制。中猛和下猛特别是下猛几乎全部是哈尼族。

陈定邦早在十年前就知道清朝版图木初四地和梯四乡已被越南猛赖土司控制。他认为这些地方是哈尼族的地盘，人同种，话同音，不应该归越南，如果收回来，说不定清政府会将它赐予自己。于是他带领木嘎土兵发起进攻。木初、衙门坡、普方、里方四地方和梯四乡的哈尼族纷纷归顺。陈定邦让他的二弟陈兴邦和三弟陈安邦管辖，人称陈二官、陈三官。清政府曾在猛赖设道，实行土流结合的管理方式，猛赖刀氏土司又是道台。为理清思路，我们还是把猛赖改称为莱州。莱州土司鞭长莫及，又自知理亏，就承认了陈定邦所占地盘。

陈定邦占领这些地盘后，领地上的人家变成其佃户，每年仅地租收入就有稻谷三十多万斤，有一百多匹骡马专门驮运这些粮食。

有了物质基础后，陈定邦开始建立私人武装，并设立衙门、监狱、学校、庙宇。陈定邦这个时候可以控制的势力范围在今天江城曲水镇、李仙江左岸的萨玛乡部分、越南部分。

一个偏居角落的弱小民族，一个落后的土司，在大清王朝日渐衰落的间隙竟然朝气蓬勃地向前发展。经过短短二三十年的励精图治，陈定邦一跃而成为李仙江流域中越边境一带最强大的土著势力。由此观之，由于云南各民族所处的地理环境不一样和政治经济发展不平衡，带有民族自治功能的土司制度在特殊角落仍然具有很强的生命力。

陈定邦从莱州土司手中获得两块地盘后，认为莱州土司也不过如此，不必惧怕，于是虎视眈眈的他再次挥剑指向政治上左右摇摆的莱州土司。

1862 年中越签订《西贡条约》后，法国相继占领南圻 6 省。越南力量不足，请求光绪帝派兵助越。1878 年，清政府便派云南兵入越。中法战争终于不可避免地爆发了。陈定邦闻讯召集木嘎兵说："乌龟背上十三壳，莱州只有十八勐，我们已经干得两小勐了，为什么不把十八勐都干掉。"就率领早有准备的木嘎土兵杀向越南勐莱土司，一口气夺取了三十多个寨子。

19 世纪末以前，越南与中国在元、明、清时期一直维系着藩邦关系，在双方有边界纠纷的时候，主要不是中国朝廷与藩属方的矛盾，而是双方土司、土官间的利益之争。官府一般只是调和，不会出兵帮助其中一方。只是这场在当时看来的土司之争，在今天却是意义重大，涉及两个国家的版图。

在卢牛折老人的带领下寻找木嘎老城旧址

莱州土司又派人求和，说七个姑娘中任陈定邦

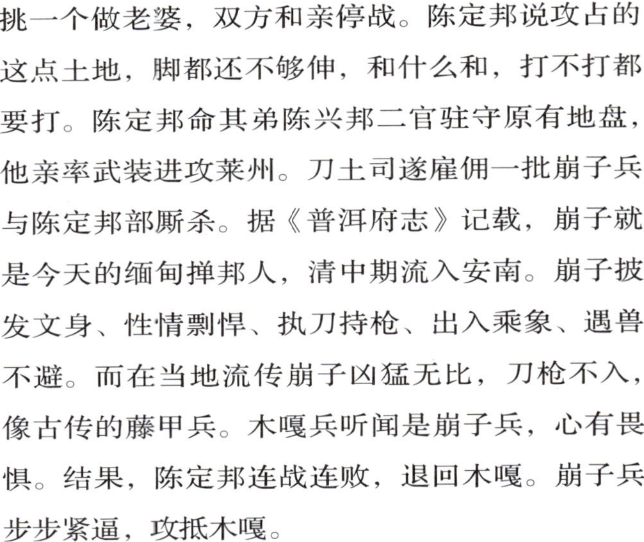

挑一个做老婆，双方和亲停战。陈定邦说攻占的这点土地，脚都还不够伸，和什么和，打不打都要打。陈定邦命其弟陈兴邦二官驻守原有地盘，他亲率武装进攻莱州。刀土司遂雇佣一批崩子兵与陈定邦部厮杀。据《普洱府志》记载，崩子就是今天的缅甸掸邦人，清中期流入安南。崩子披发文身、性情剽悍、执刀持枪、出入乘象、遇兽不避。而在当地流传崩子凶猛无比，刀枪不入，像古传的藤甲兵。木嘎兵听闻是崩子兵，心有畏惧。结果，陈定邦连战连败，退回木嘎。崩子兵步步紧逼，攻抵木嘎。

兵临城下，木嘎危急。据卢牛折说陈定邦利用木嘎老城的坚固，带兵坚守，拒不迎战，以图拖垮对方。莱州土司带崩子兵进攻受挫后占据木嘎山顶，采取骚扰策略。木嘎不堪其苦。后来陈定邦手下一勇士说：“我一个人上去就可以把他们打走。”他让人取来布匹把全身包括脚手头都裹得严严实实，只露出眼睛。他手握一把砍刀从树林里偷偷钻上去突然袭击，杀死了几个崩子。崩子兵本已逃走，但看只有他一个人，又回来把他团团围住活捉了。木嘎山顶本来是木嘎寨的龙脉之一，莱州土司说用活人像钉子一样钉在那里，把木嘎的龙脉弄断，木嘎以后就不会兴旺发达了，结果这个勇士被站立活埋。据卢牛折老人说从此陈家就逐渐衰落了，他还说哈尼话“嘎”就是肉的意思，木嘎的意思就是肉钉。

木嘎老城的壕沟

在组长潘丰家里挂着一把少数民族特有的砍刀，长五十多厘米。说是前几年在木嘎山梁挖出来的，还说就是勇士用的刀，但已经难以考证了。

陈定邦看勇士没有回来，崩子兵又在山上呐喊，就知道没有退路了。双方就在木嘎山顶罢兵和谈，谈了七天后双方重新划分领地：陈定邦将攻占的塔洛河以南的木初、衙门坡和十层大山以东的箐头、凉水箐等 31 个寨子统统归还给莱州土司。陈定邦退居木嘎，陈二官、陈三官撤回到石门坎。陈定邦管辖范围为木嘎、老苏寨、石门坎、大青树、赶马寨等 36 个寨子。以后双方互不侵扰。

战争结束，陈定邦收复的土地尽皆失去。

中国实行土司制度后，改变了以前少数民族各自为政的涣散局面，封建王朝对少数民族地区进行了有效的控制，国家得到了空前的完整和统一。封建王朝对少数民族的大小首领，分别授予宣慰、宣抚、安抚、长官，或土府、土州、土县等官职，民族首领作为朝廷命吏，守土有责。作为管理木初四地方的纳楼土司应该守住自己的地盘，但因当时错综复杂的原因，这四个地方实际被莱州土司控制，莱州土司又投靠了越南。在此情况下，作为木嘎土司的陈定邦率弱小的木嘎土兵夺回了丢失的领土，理应得到清政府的认可。木嘎距离普洱府和他郎厅四百多里，或信息闭塞或距离遥远，官府始终没有介入。只可惜这块版图陈定邦得而复失，这不仅让陈定邦扼腕长叹，也令今天的我们痛惜不已。

站在木嘎山坡望着对面的越南，我曾想，陈定邦是不是像郑成功一样可以称为民族英雄。想当初郑成功之所以进攻台湾，其实是他已经无法抵挡清军，无法立足福建而寻找到的另一块地盘。只是后人因为国家统一的需要称其为民族英雄。清军没有入关，郑成功能在福建立足时为什么不收复台湾呢？当然主观上陈定邦并没有想当民族英雄，他只是为了一己之欲，为了地盘，去进攻已经投靠越南的这两个地方。但客观上毕竟收复了清政府实际上丢失的土地。只是这个时候，清政府的地图上这些地方在名义上还是中国的。

自封土司在封建社会是不允许和不承认的，如果受封后擅自扩大自己的封地也是要治罪的。但鸦片战争后的清政府已经自顾不暇，哪有时间和精力来管边境一个小小的土司。后来，1895 年中法双方划界时很多地方是以中越土司实际控制、管辖地来划分的，陈定邦与莱州土司管辖控制区域就成了划界的关键。法国提出以滇越边界第五段临安府所属的三猛换取滇越边界第二段开化府所属的猛峒。清政府认为三猛全为山地，不便于管辖，三猛的土酋在 1840 年时又投靠了越南，清政府承认是两国共管地。麻栗坡南边猛峒地区土地肥沃、军事位置重要。为换取猛峒地区，将六猛中的猛赖（越南莱州市）、猛梭（越南封土县）、勐蚌（越南勐谍县勐蚌乡）三猛划归法国。同时还将莱州土司实际控制的属他郎厅的木初、衙门坡、普方、里方一带划给法国。如果陈定邦与莱州土司之战没有战败，并牢牢守住，那 1895 年划界时木初这些地方就是中国的版图。木嘎从此成为扼守中国边境的重要地方。光绪《普洱府志》卷 29 记载："近将猛乌、乌得二土司地划给法人……次他郎所属之木嘎亦与法昆连，扼要设防实不可忽。"

陈定邦得而复失的版图有多大？2014 年 12 月 20 日，越南勐念县的箐头乡和莲上乡两位书记来曲水过哈尼年节。箐头乡白寅清书记用哈尼话告诉我说靠近曲水的越南土地以前都是中国的地盘、都是哈尼族。箐头乡下辖 7 个寨子 1300 多人，耕地面积 1.7 万亩，从箐头乡分离出来的莲上乡下辖 6 个寨子 920 人，凉水箐乡辖 4 个寨子。陈定邦退让的 31 个寨子约等于 5 个乡，加上梯四乡等于 6 个乡，面积大约六百平方千米。

1999 年 12 月 30 日，中越两国签订《陆地边界条约》，两国开始在中越边境进行勘界立碑。中越双方争议的土地有 227 平方千米，因此中越勘界定碑曲折艰难。让中越双方争议最大的一个地区是江城段，也就是从中越 2 号界碑到中老 13 号界碑这一段。为了我们已经实际控制的老山、者阴山等军事主峰，中方把木嘎山后 17 号界碑所在的塔糯山 35.6 平方千米的土地划给了越南。中越勘

界结束，争议的227平方千米几乎平分，113平方千米划给了越南，114平方千米划给了中国。

三、起兵反清

据《江城县志》大事记记载：“光绪十三年（1887年），曲水木嘎头目陈定邦作乱，勐烈武举邓炳锟在平乱中阵亡。普洱道派军队进剿。次年正月，陈定邦被擒斩首，余众溃散。”

清代经过康乾盛世后，内地东南沿海人口大增，移民浪潮不断涌向云南，加快了云南中部地区和交通沿线政治经济文化的发展。同时，也引发了政府机构和内地移民与云南少数民族生存利益的冲突。清政府的改土归流主要是从政治利

木嘎马蜂

益和经济利益出发，政治上把土司统治变为流官统治，经济上把原来民族经营的茶、盐等主要经济生活资源控制在政府官吏手中，课以巨额的赋税，使原住民族日愈贫困化。政府对云南少数民族政治经济的压迫和剥削，引起了激烈的反抗。云南由此爆发了系列少数民族起义，著名的有杜文秀起义、李文明起义、李文学起义、刀兴国起义、田政起义。其中田政起义就发生在墨江县，刀兴国起义发生在当时普洱辖区（今景洪市）。

木嘎土兵用过的剑

刚当上土司的陈定邦开始还向墨江官府交纳银两赋税，与莱州土司争夺领地时得不到官府的支持，认为有没有官府对其没有意义，不再向官府交纳赋税。不仅如此，陈定邦还带领哈尼族参加了反对清政府的行列。写江城县志的人可以说沿用了清政府的观点，以官方立场看陈定邦肯定是叛乱了。如果从革命的角度看，我认为陈定邦进攻勐烈应该是一次哈尼族的反清起义。

与莱州土司的领地之争让陈定邦消耗了大量的人力、物力，陈定邦只好重整旗鼓，以待东山再起。十年后陈定邦势力得到恢复，他把矛头指向土地肥沃、人口集中的勐烈。他说："勐烈是枝花，木嘎是个果，勐烈应归木嘎管辖。"光绪十三年（1887 年）7 月，陈定邦先带木嘎兵攻占绿满、坝伞等地，得到大量人员和物资补充。然后率三百多人进攻勐烈。勐烈第三团总邓炳锟见大兵来犯，飞报普洱府的同时调集地方团练迎战。双方在勐烈坝开战。邓炳锟早年习武，曾中武举。面对武功高强的邓炳锟，木嘎兵难以抵挡。陈定邦见势不妙，退回到卧马村。邓炳锟见陈定邦退却，便率部进剿。进入卧马村看到陈定邦的坐骑就对亲兵说："陈大胖子害怕我，跑得连马都来不及骑，我要骑回勐烈。"自视武功高强的邓炳锟毫无防备，过去牵马。躲在房间土墙后面的陈定邦用火枪瞄准射击，子弹正中邓炳锟头部，邓炳锟当场毙命。亲兵急忙去扶，也被打死。主帅已死，邓部顿时大乱，抬着邓炳锟的尸体仓皇撤退，绕道山神庙丫口返回勐烈。

邓武举被打死，陈定邦认为天降良机、再无劲敌。于是，重举旌旗，卷土重来，兵至街区。勐烈街民众调集民团和壮丁严加防守。双方在南教场坝较量数次，情势危急。正在对峙之中，普洱府派参将梁士伟、守备马成龙、团总孙世泰等人率部星夜赶到，在勐烈郊区展开激战。陈定邦屡战屡败，被斩杀三十余人，先锋马利拉被擒。陈定邦抵挡不住，率众向木嘎撤退。官军分路追击，最后攻进木嘎城，头目张普黑等四十多人被斩杀。陈定邦带着木嘎兵分散到山林隐藏。此时为江城雨季，水大河涨，道路难行。清军原本寻敌不见，此时又军粮告急，梁士伟便下令撤兵。

第二年春，清军备足粮草偷袭木嘎，杀了小头目白里福，捕杀陈定邦家眷共 41 人。陈定邦和少数士兵一边拼命抵抗，一边带着几个家人顺寨子朝下逃到李仙江，坐小木舟过江逃往今天绿春县他的四弟陈跃邦的地盘处马箐，并在江边筑垒死守。清军无法渡江抓到陈定邦，遂施离间计，通过萨玛土司杨氏重金收买陈定邦结拜兄弟杨发昌，从内部分化瓦解。在陈、杨内讧之际，官军趁机渡江。陈定邦被杨发昌擒获斩首。后来杨发昌也被云南督军公署派营长朱培德带兵进剿时击毙。

清政府没收了陈定邦的田地、家产。绿春陈跃邦侵占的地盘也被萨玛杨氏土司夺回，越南梯四乡的地盘，也被梯四乡官全部收回。

据说陈定邦全家无人存活。只有他的四弟陈跃邦的儿子陈兴海，因得当地亲友力保才免死。后来陈兴海及其子陈牙斗、陈牙啥虽躲过官军，但在新中国成立初期到越南做生意时，被仇家梯四乡管家的后代杀死。又有人说没有进入梯四乡的陈国祥幸存了下来。

土司制度为中国统一的多民族国家的形成做出过不可磨灭的巨大贡献。木嘎土司陈定邦生于乱世、亡于乱世，这个时期正是中国近代史上边疆和民族问题及土司制度变动最激烈的时期。许多少数民族头人由于种种原因或参加抵抗外来侵略的斗争，或参加反清民族起义，或两者都参与。木嘎土司陈定邦亲自参加了收复中国失地、抵抗外来侵略的民族斗争，后来又参加了反清起义，最后全家被清军残酷杀害。他只是那个时代少数民族土官和起义失败者的一个缩影。

因陈定邦进攻勐烈的原因，清政府派普定左营战兵 180 人驻防勐烈，后来战兵改为练勇，有 211 名。光绪二十八年（1902 年）

江城设勐烈弹压委员，作为地方行政官。官府能在江城设官管理，最后逐步建县，我看还得感谢陈定邦啊。陈定邦是改写了江城历史的小人物。

四、潘疯与2009年的木嘎

木嘎这几年出名是因为一个名叫潘疯的人和这个人组织发动的一场矛盾冲突。它影响和改变了江城局部地区的历史和生活结构。

木嘎组长潘丰，原名为潘峰，是当小学教师的父亲为他取的，希望他像山峰一样雄壮高昂。现实生活中的他却一点也名不副实，个子矮小，沉稳冷静。据说他曾将名字改为潘疯，那是在2009年的时候，那年木嘎发生了一件影响深远的大事。

1995年，为加快地方经济发展，江城县人民政府引进云胶公司来开发橡胶，并签订协议，将曲水和嘉禾两乡农民的

陈定邦故居

土地以每年每亩1元钱的价格出租，租期80年。农民的土地在自己毫不知情的情况下被出租，公司又在实际开发中大量占用了农民的自留山、责任山、轮耕地，对损毁的沟渠、农作物也没有及时赔偿，将土地看作生命的农民肯定不答应了。2005年后，橡胶价格大幅攀升，从原来的几千元达到两万多元，橡胶价格飞涨和农特税取消带来的利益，农民作为土地的主人享受不到，那真是无比愤慨。农民将这种愤怒发泄在来租土地的云胶公司和胶农身上。开始，政府没有及时正视和处理这些实际存在的矛盾，使矛盾日益加深。

这时，同为边境县的孟连县同样因橡胶纠纷引爆了震惊全国的"7·19事件"。孟连的问题主要是胶农与公司的纠纷问题，江城的问题则是被出租土地的农民与云胶公司之间的纠纷。土地租赁纠纷出现后，从2007年开始，江城县就组织工作队到矛盾集中的曲水和嘉禾，进村入户开展矛盾纠纷调处工作，倾听失地农民的利益

诉求，并与企业进行了艰辛的谈判。工作组将土地租金从 1 元提升到 5 元，又从 5 元提升到 15 元。但是这个时候农民们认为政府派出的工作组是来善后土地出租事宜、是来帮云胶公司说话的，因此不和工作组商量租金问题，而是坚决要求收回未经他们同意租出去的土地。

"孟连 7・19 事件"很大程度上刺激、催化了江城，特别是曲水乡和嘉禾乡的土地纠纷。听说孟连的处理结果后，农民们开始朝强占胶地、抢割胶水方向发展。其中起带头作用，影响最大的就是木嘎寨子，而组织者就是潘峰。木嘎成立了"前沿指挥部"，推举潘峰为"司令"。"潘司令"说要为民争权、为民请愿，提出"只要土地不要租金"的口号，率木嘎组百十号村民上山抢割橡胶，并搭建工棚阻挠公司和胶农收割橡胶。得知工作队进驻，"潘司令"有计划、有目的地组织村民收集器械，准备武力对抗。为表明"疯狂到底"的决心，"潘司令"把名字由潘峰改成了潘疯。他组织村民强占抢割的同时，把"木嘎前沿指挥部"搬到位于中越界线的塔糯河工棚，昼夜驻守。计划如果不能死磕到底，就越过界河逃到越南。

潘疯带领木嘎农民占山抢胶的行为，引发连锁反应，特别是曲水乡的丫口、大青树、甲马等村组农民群起效仿，以村寨为单位，纷纷组织起来强占胶林不让胶农割胶。云胶公司在江城采取的是公司 + 基地 + 农户的运作方式，除了部分本地农民参与管理外，大量胶农是外地来的移民。胶工因橡胶地被占，收入断绝，情绪激动，也准备器械，摩拳擦掌，想与农民大干一场。农民、公司、胶农之间，农民、胶农与政府工作队员之间的对抗情绪突然升级，一场群体性械斗和流血事件一触即发。形势十分危急，处置稍有不当，局部问题就有可能影响到全局，对抗性事件就有可能转化为大规模群体流血事件，还极有可能影响正在江城紧锣密鼓备战的

"首届中老越三国丢包狂欢节"。4月10日，最后限期之日，工作组当机立断，在"不流一滴血，不伤一个人"的原则下，近千人的工作队员上山强行把所有农民清理出橡胶地，带回家里。一场流血冲突得到及时化解。

白云淡淡，江水滚滚。2009年早已远去，物是人非，但今天潘丰说起几年前的往事仍然滔滔不绝。他说那时看问题比较片面、做事比较冲动，如果不是后来及时有效地处置，后果不堪设想。但他又面呈狡黠且有些自豪地说，如果没有我们木嘎人带头抗争，公司也不会把租金提高到现在数额，凡受益的胶农都应该感谢我们。2009年把农民从橡胶地清理回来后，工作组坚持以"调整利益，完善租赁关系"为主线，让云胶江城分公司和农民的土地租赁合同年限调整为50年。土地租金按每亩30至50元计算，并分红5%。同时明确表示对农民反映强烈的历史遗留问题和开展民生工程等问题进行逐一解决。利益调整满足了群众的合理诉求，群体性矛盾纠纷得到妥善解决，巧妙化解了社会矛盾。潘疯看到群众的合理诉求得到满足，又带头做大家的思想工作。为了痛改前非，同时希望木嘎群众五谷丰登，日子像芝麻开花节节高，潘疯又将名字改成了潘丰，并积极要求入党，还得到了省委书记的接见。

2014年12月20日，哈尼年节开幕式结束后，已是党员和组长的潘丰带领我们重上木嘎寨子。潘丰非常诚恳地说，木嘎的基础设施建设还比较滞后，今年胶价大跌，群众收入锐减，日子不知道如何过下去，希望我们多给予帮助和引导。他还特别强调说坚守在木嘎寨子的人家越来越少，只有二十多户了。他要求我们帮助建设一块篮球场做村民们的文体娱乐场所。他边说边带我们认真探访了吊着马蜂的大青树、旧城遗址、篮球场选址、老组长家。然后同样在他家房前的青树下，同样在那张木桌前，摆着同样的哈尼风味鸡肉稀饭。虽然海拔很高、寒风猎猎，虽然灯火如豆，但我们毫无芥蒂地围坐在一起，谈古说今，大声划拳，大杯喝酒。十点多时，潘

丰又杀了两只老母鸡，提来酒壶，喝得酣畅淋漓，最后东倒西歪、酩酊大醉。

木嘎就像一场不散的筵席在等待，令我时时刻刻想去和那里的人海阔天空、和那里的人把杯换盏。

木嘎土猪

牵手外国新娘

爱情是青年男女的共同渴望，而当我们发现爱情需要跨越国界来维系时，我们的思想、我们的价值观念、我们的一些行为习惯，势必会受到一次新的挑战，而外国新娘不为人知的过往，也足以挑逗你的好奇心。

一、我爱的人在哪里

小时候，外国是一个非常遥远、非常抽象的概念，远得就像天上的星星，抽象得就像奥数题目；长大了，才发现地球并没有想象的那么大，我们周围的不少人都曾游览过国外的风景，国外的人也常到我们这里来。更令人想不到的是，我们周围的一些男人，居然把外国姑娘娶进了家里，不少跨国家庭的小日子过得有滋有味，硬是让那些没有找到老婆的男人艳羡不已。

张又新，江城县曲水镇龙富村村民，1987 年 1 月出生的他，正与小他 9 岁的李夸妹处于热恋中。身材娇小、一脸羞涩的李夸妹，来自越南奠边省勐念县凉水箐，她的母亲去世早，父亲又另娶了媳妇。2014 年的一天，具有高中文化的李夸妹和朋友到中国江城县龙富村串门时认识了张又新，因彼此都是哈尼族，语言都能够沟通，双方性格比较接近，爱情的魔力让两人突破了国界的困扰，并迅速建立了恋爱关系。两人已计划好，2015 年或 2016 年，双方就将喜结连理。

像张又新和李夸妹这样涉及跨国婚恋的事例在江城县呈逐年增多的趋势，那么，是一些什么样的原因，促成这一现象发生的呢？

江城县 99.6% 是山地，全县 80% 以上的人口生活在山区、半山区，望不到边的大山抑制了山里人躁动的心房，孤陋寡闻封闭了山里人的内心世界。他们就在这种狭窄的、固化的空间里延续生命，天上的星星和林子里的小鸟是他们最好的伙伴。然而，许多农村里的姑娘其实内心世界是非常丰富的，她们不甘愿守着寂寞的大山，让自己的青春消耗殆尽。对于女性来说，走出大山有三条路：寒窗苦读，谋到差事；背井离乡，到城里打工；远嫁他乡，改变命运。多数人选择的是到城里打工，许多人就此一去不返，有的嫁给了城里人，有的打零工，反正就是不愿再回自己的那个稻草窝。女人的大量离去，没有带动更多的男人跟着去城里，许多男人由于自

张又新和越南姑娘李夸妹

身文化素质偏低，没有一技之长，加之缺乏吃苦耐劳精神，即使到城里打工也不长久，好些男人去了又返回原地，大家就耗在寨子里数着星星过日子。加上不少人家的田地已租给个体老板种香蕉，无田可种，男人们整天无所事事，有的借酒度日，有的游手好闲、惹是生非，有的甚至专门盯着丈夫不在家的女人，在英雄应该有用武之地的思想驱使下，不体面地制造出一些家庭矛盾，给农村社会治安带来不少安全隐患。

农村里的大龄男青年越来越多，在江城县的12万人口中，在28至50岁的农村大龄男青年约有2700人，其中嘉禾乡约有680人，高居榜首。而地处坝子、土地平缓、交通较为便捷、经济较为发达的整董镇，只有63人。在地处江城县北部、山高箐深、交通不便、哈尼族聚居的嘉禾乡巴嘎村，有426户2279人，其中28岁至50岁的大龄未婚男人就有138人，尤其是只有六十多户人家的巴嘎村民小组，未婚大龄男人竟有33人。而同样是哈尼族聚居的曲水镇怒那村，在527户2816人中，未婚大龄男人也高达116人。

虽然这几年江城农村的社会经济结构发生了很大变化，吃饭、穿衣已经不再成为问题，但随着社会的发展进步、思想的多元化、欲望的无止境，促使人们不会拘泥于眼前的一山一景，特别是游弋于家庭家务之间的妇女，吃饱穿暖早已成为她们人生的最低要求，她们还需要在精神层面和物质层面上有更多的收获。所以，山村狭小的天地只能是她们逢年过节时回来暂居的地方，这些女人的决然离去，让心无所依，只能在梦里与女人牵手的农村大龄男人持续增多。

难道，一个生长发育正常的男人，就只能抱着枕头酣然入眠吗？其实，天无绝人之路，当人们觉得快走到路的尽头的时候，一条新的道路又可能在你的面前延伸开来。一些有头脑的男人，在周围找不到伴侣的情况下，便把目光投向了与江城县毗邻的老挝、越南，甚至缅甸、泰国等国家。

❶ 岩罕尖和尖罕
❷ 尖　罕

二、外国媳妇中国郎

1973 年出生的整董镇曼滩村民岩罕尖，早年在广东、湖北、四川打工，1998 年回到家乡，但一直孑然一身。随着年龄的增长，父母不断促其结婚，再加上身边的伙伴已一个个讨了媳妇、生了娃儿，内心也有一种尽快结婚生子的念头，但与他年龄相仿的女孩多已嫁作他人妇，岩罕尖的内心又多了几分孤独。

2012 年 12 月 3 日，时年 39 岁的岩罕尖，前往老挝丰沙里省约乌县整秀村时，与小他 20 岁的同是傣族的尖罕相识，不到一个星期，岩罕尖就说服了尖罕的父母（在老挝北部农村，婚姻大事由父母做主），双方算好了日子，花费了 18000

多元人民币，先后在老挝整秀、中国曼滩各办了一次酒席，算是正式把老挝媳妇娶回了中国的家。2013 年 7 月 2 日，他们爱情的结晶——女儿香峦呱呱坠地，随后办理了女儿在中国的落户手续。

2014 年 3 月，岩罕尖结婚后与父母分家，在寨子边盖起了一幢傣家干栏式竹楼，虽然房子比较简陋，里面的家什也很少，但他一家三口有 4 亩茶地、20 亩橡胶地、3 头肥猪。2014 年 11 月 25 日，我们来到他家里走访，坐了一会儿，身材娇小、肤色黝黑的尖罕刚从地里干完农活回家，面对我的照相机，她咿咿呀呀叫个不停，并把身子迈向一边，我不去打扰，让她随意走出走进，做家务，抱小孩，看到我一直举着镜头的坚持，她脸色渐缓，似乎不太在意我的存在，我就随意抓取其中的一瞬间按下快门。

尖罕看上去就跟一个还没有脱去稚气的小孩差不多，她的中国话目前仅能应付日常用语，许多话我们都听不懂，但感觉她比较害羞，说话有点嗲里嗲气。她一脸沧桑的丈夫抱着小女儿时神态悠闲，他自嘲自己同时在领着两个小孩，可能是文化背景差异的原因，有时候一岁多的小女儿都教得会的东西，媳妇还没有搞懂，但从他悠然淡定的举止中，我还是读懂了一个信息：尽管媳妇还不大懂事，但组成一个家庭不容易，他还是很享受目前的这种生活状态。

江城县共有 7 个乡（镇），其中勐烈镇、康平镇、整董镇与老挝丰沙里省约乌县接壤，曲水镇则与老挝约乌县、越南奠边省勐念县、莱州省勐谍县接壤。全县有 11 个边境村、107 个自然村、127 个村民小组，5679 户 25484 人居住在边境沿线。

与江城接壤的地段，均属老挝、越南的北部地区，交通、通信技术落后，经济欠发达，三国边民之间有许多是哈尼族、傣族、瑶族、苗族等跨境而居的民族，他们之间语言相通、习俗相近、互市通商、往来频繁，这就为跨国婚姻提供了极其便利的条件。

与岩罕尖有相似经历的朱勇，是宝藏镇水城村新家村民小组的农民，生于 1965 年的他，早已跨入大龄男青年的行列。2007 年 12 月，他来到老挝约乌县莫扎培育咖啡苗，其间经人介绍，认识了同

是1965年出生的肖夸芝。肖夸芝是约乌县整秀村人，属老挝的贺族（汉族），能说流利的汉语，她曾经两次出嫁，但两任丈夫都先后因车祸等原因辞世，共留下4个儿子、6个女儿。

经过一段时间的相处，两人于2009年在老挝约乌县办理了结婚手续，并在整秀寨子办了20桌酒席，算是确定了两人的夫妻身份。之后，两人回到宝藏镇水城村生活，肖夸芝的第1个女儿也嫁到了水城村的另一个村民小组——先锋社，母女间彼此有了照应。

可能是年龄的关系，两人没再要孩子，在自家的田地上盖了一间简易石棉瓦房，过起了清淡恬静的生活。他家有50亩地都租给了种植香蕉的老板，每年有一万多元的租金收入。2013年，初中文化的朱勇申请到了农村低保，每年有1200元的生活保障，大字不识一个的肖夸芝因为没有在中国落户，所以在当地没能享受到国家的任何优惠政策，生活过得比较艰辛。2015年3月，租出的土地到期后，夫妻俩准备将土地收回，种植苞谷等经济作物，想通过自己的辛勤劳动，改变目前比较困窘的生存状况。

随着江城经济社会的不断发展，对各种行业的用工需求日益增多，这对经济相对落后的老挝、缅甸等周边国家，自然就产生了很大的吸引力。在江城的一些餐馆、旅店等行业，一些外国青年前来打工，在共同的打工生涯中，部分异国青年相互吸引，很自然地走到了一起，来自缅甸的叶音和来自宝藏镇的王树福就是这样一对典型代表。

朱勇与老挝媳妇肖夸芝

缅甸邦康第二特区的佤族女青年叶音，2010年

❶ 缅甸人叶音正在照顾双胞胎儿子

❷ 缅甸人叶音

随一名中国孟连人来到江城县打工，虽然没有文化，但凭着自己吃苦耐劳的精神，她进入了国庆乡普家村的一家砖厂打工，每个月能挣到三四千元人民币。一年多后，叶音与同来一个砖厂打工的宝藏镇板河村的王树福相识，双方互生情愫。后来，两人又前往景洪的一个砖厂打工，待了两三个月后，于2012年2月回到了王树福的家乡——宝藏镇板河村红星社村民小组，并于次年2月生下了一对可爱的双胞胎儿子，老大叫王双贵，老二叫王双喜。

1977年出生的王树福，平时专门为老板打零工，在家附近的香蕉地里负责装卸香蕉，小他13岁的媳妇叶音则在家里忙里忙外、照顾小孩、操持家务。2014 年 12 月 2 日，当我们来到红星社叶音家时，不巧她的丈夫已去香蕉地干活，没有见到他。我坐在她家房前的院子里，默默地观察着叶音，只见皮肤有些黝黑、粗糙，头上别着一只粉红色的卡梳，身材稍胖的她，有些风风火火的样子，一会儿去端水，一会儿去喂鸡，一会儿又端着一碗米干，走到坐在童车里的双胞胎儿子面前，左一口、右一口地喂他们。一会儿老大哼一声，一会儿老二恼一下，忙得她是团团转。

整董镇曼滩村与老挝约乌县山水相连，从曼滩寨子背后往前走 20 千米，就进入了老挝境内，双方边民本是同一个民族，历史上也有互相通婚的传统。中国这方老百姓的日子越来越好过，对老挝边民产生了一种无穷的吸引力，不断有老挝姑娘一个带一个地嫁到曼滩寨子来，到 2014 年底，已经有 18 个老挝姑娘嫁到了曼滩寨子，这里也成为江城县有名的“外国媳妇村”，赵海云和么尖就是其中的一对。

2011 年 4 月，皮肤白皙、身材娇好的老挝约乌县整秀村

傣族姑娘么尖随送亲的队伍来到曼滩，认识了村民赵海云，因是同一种民族，沟通方面不存在任何障碍，便迅速发展成恋爱关系。当年 12 月，两人宣布结婚，办完酒席后又到老挝办理结婚手续，但老挝方未出具结婚证明，他们的小女儿西里么叫诞生，小孩现在已经在中国落户。

么尖以前在家乡吃饭都是用手抓，汤勺一人一个，嫁到中国后，吃饭要用碗筷，让她有点不习惯，但很快她就适应了。么尖适应能力比较强，没多久就学会了中国日常用语，在生人面前说中国话有点不大流利，但也不怯场。遇到街子天的时候，她挑着蔬菜、粑粑到市场上去卖，平时一家人就忙着管护 5 亩茶地、30 亩橡胶林。么尖一家和夫家的两个老人住在一起，媳妇对两个老人很孝顺，小日子过得和和美美的。因为现在的交通比较方便，么尖嫁过来后，一年要回老挝娘家三四次。这不，2014 年 11 月 25 日，我们刚采

么　尖

访完他家小两口，赵海云就骑着摩托把早已经归心似箭的媳妇送到勐康口岸，由那里再乘车回整秀看望家人。

这几年，不光老挝、缅甸人到江城来打工，许多江城人也凭借自己的一技之长，前往老挝、缅甸、越南寻找工作的机会，并在异国他乡擦出了爱情的火花。

宝藏镇水城村大平掌村民小组村民王和风，于 2007 年到缅甸小勐拉国门加油站打工，与同在一个加油站上班的缅甸当阳市姑娘禹顺清一见钟情，并于 2010 年 2 月 6 日结婚。禹顺清是缅甸的汉族，从小会说中国话，在缅甸念到初中毕业，课本是用台湾版的中文繁体字教材，嫁到中国后，才慢慢学会了用简体字。

面对我的采访，禹顺清操着一口流利的宝藏话坦言，当初是王和风的笑容吸引了她，再加上他对感情专一，同为

1988 年出生的他俩才走到了一起。

禹顺清嫁到中国后，了解到要办理缅甸迁入中国的户口需要一两万元人民币，因为经济能力限制，只好办理暂住证，每半年到县公安局外管科办理一次暂住证。2010 年 8 月 1 日，他们的第一个儿子王浩出生，2012 年 2 月 14 日，又生下第二个儿子王瑀，两个小孩已经办理了落户手续。

现在小两口已在王和风的家乡定居下来。禹顺清是个勤快的女人，每天早晨三四点钟就起床去趸菜，然后拿到市场去卖，一个月能挣到两千元左右。2014 年 11 月，禹顺清转行到宝藏镇好润佳超市打工，而王和风还没有找到合适的工作，家里有 3 亩水田，还有种植了 8 年的花桃树。尽管生活有点清苦，但禹顺清的脸上仍是一脸的乐观：只要人不懒，生活上苦点累点还是能淌过去。

成就跨国姻缘的原因，除了打工相识、亲戚朋友互相介绍、姊妹之间的相互影响外，还有一个最直接的方法就是带着明确的目标，怀揣人民币到邻国去寻找另一半。曲水镇绿满村民李荣明就是用这样的方法，把一位越南媳妇娶进了家门。2009 年 1 月，已经 27 岁的李荣明到中越三号界碑赶街时，遇到了芳龄二十的越南

禹顺清一家

CỘNG HÒA XÃ HỘI CHỦ NGHĨA VIỆT NAM
Độc lập - Tự do - Hạnh phúc
GIẤY CHỨNG MINH NHÂN DÂN
SỐ
Họ tên: LỲ Ý MẾ
Sinh ngày 1989
Nguyên quán: Sín thầu
Mường nhé, Điện biên
Nơi ĐKHK thường trú: Sín thầu
Mường nhé, Điện biên

蒖边省勐念县大过口乡人李玉妹。早就听说越南姑娘为人贤惠、做活计实在，李荣明趁热打铁，决心成就一段跨国姻缘。春节时，他热情地邀请李玉妹来家里过节，姑娘回去没多久，他就跑到女方家中向老人提亲。

同年10月27日，李荣明在绿满村摆了120桌酒席，风风光光地把李玉妹娶进了家门。次年12月17日，大儿子李勤冰来到人世，小女儿李东勤也于2013年1月23日降生。小两口计划生育政策没学好，第一个小孩因没有拿到准生证被罚款1000元，第二个还没有满5年间隔期就匆匆来到世上，又被罚款3000元。尽管如此，两个小孩的落户问题还是得到了解决。

李玉妹刚嫁过来时，人生地不熟，语言不通，生活不习惯，刚来时只会几句简单的汉语，现在已经基本能够用汉语交流。他们家有60亩橡胶地，因为只栽种了1至3年，所以小两口平时就靠帮别人割胶乳挣点钱，有时也到菜市场去卖

1 李玉妹的身份证

2 李荣明和越南媳妇李玉妹

刘军德一家

点菜，他们一家 4 口和夫家的两个老人共同生活，生活过得也还逍遥自在。

在跨国婚姻中，还有一种现象，就是双方都曾结过婚，并且都有了各自的孩子，但因种种原因离异后又组合成一个新的家庭，我们在曲水采访中就遇到了这样一对夫妻。

刘军德，曲水镇怒那村大青树人，1965 年 3 月生，2004 年离异，有一个儿子在香格里拉武警部队服役，另一个女儿远嫁重庆。段诺，越南奠边省勐念县箐头乡人，1982 年 8 月生，有一个经常

刘军德一家

吸食鸦片的丈夫和一个 8 岁的儿子。

2008 年 2 月，刘军德到勐念县箐头乡帮助修理碾米机的过程中认识了段诺，并看上了她。刘多次前去她家里拜访，最终说服了她的父母，段诺于 2009 年 4 月离开让她伤心不已的抽大烟的丈夫，随他返回江城曲水（越南北部农村很多人结婚不办理结婚证，只需女方父母同意就行）。

2010 年，刘军德和段诺在龙富村找到一块地，建起了一间约一百平方米的平顶房，过起了悠然自得的生活。当年 12 月 16 日，他们两人的儿子刘越出生。他家种植有橡胶 20 亩，每年有一万多元的土地租赁金。

平时，已经能够应付日常汉语会话的段诺总是想方设法去赚取一些经济收入。有时去橡胶地里帮老板背芭蕉，平均日收入有两百元左右，有时又到建筑工地打零工，丈夫则在家里领小孩。段诺留在越南的一个孩子，她每年要回去看望四五次。总的来说，这对重新组合的家庭，日子过得还算平静、安详。

三、进门容易落户难

嫁到中国来的外国女子，多数都没有按照我国《婚姻法》和《中国与毗邻国边民婚姻登记管理试行办法》来依法登记办理结婚手续，而江城县民政局婚姻登记机关只能办理与老挝边民通婚，其他涉外婚姻要到省一级办理婚姻登记手续，这给想办结婚证的涉外婚姻造成了很大的难度。边民通婚，常常按照本民族的风俗习惯结婚，加上他们的文化程度普遍较低，对相关政策、法规缺乏了解，法律意识、办证意识淡薄，觉得登不登记无所谓，形成了老百姓所说的事实婚姻。

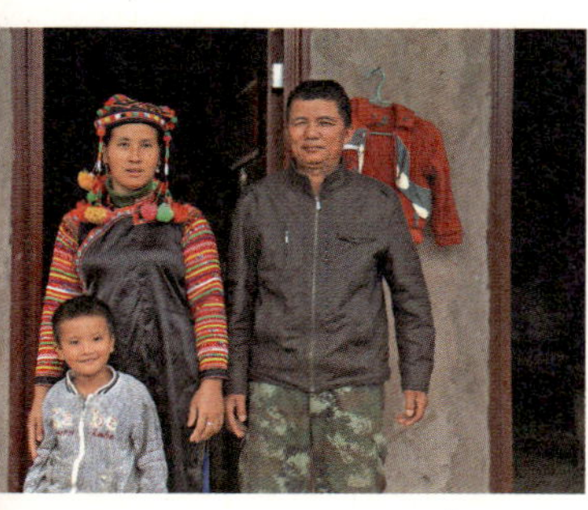

从 2004 年至 2009 年，江城县民政部门共办理了 65 对边民婚姻登记手续，老挝政府对本国妇女频繁嫁到中国产生了

危机感。从 2010 年开始，要求本国县省级不能出具结婚登记的相关证明，一切权力都交由中央掌控，从而给通婚边民办证制造了很高的门槛。所以，从 2010 年至今，江城与老挝的涉外婚姻没有一对领到结婚证。越南公民与江城县居民通婚的有 21 对，但因没有达成县级民政部门可以办理中国公民与越南公民结婚登记手续的协议，加之办理结婚登记手续相对复杂，这 21 对中没有一对领到结婚证。尽管如此，还是挡不住异国男女寻找幸福的脚步，事实婚姻依然大行其道。现在，老挝媳妇中国郎已经遍布江城的众多角落，即使是在最偏远的嘉禾乡中会、南旺，宝藏镇前进、龙马，都有外国媳妇的影子。

2011 年，江城县居民与外国边民通婚的共有 165 对，2013 年达到 293 对，到了 2014 年，又猛增到 441 对，其中与老挝通婚的占绝大多数，共有 406 对，与越南通婚的 21 对，与缅甸通婚的 14 对。在 441 对涉外婚姻中，全部为外籍女性嫁入中国，依法办理结婚登记手续的仅有 87 对，共生育子女 339 人。

他们生育的 339 名子女，按照我国《国籍法》的规定，全部允许办理中国户籍，并在入学、就业、疾病防治、新型农村合作医疗等方面都享受到了国家的优惠政策。而他们的母亲，因为解决不了户籍问题，就成了生活在江城的“边缘人”。

边地少数民族跨境而居，因为是同一种民族，互相结婚的比较多，所以婚后在生活习惯、语言沟通等方面都不存在大的问题。与越南、老挝通婚的主要以哈尼族为主，少数彝族、瑶族、汉族也加入到了这一行列。

在涉外婚姻问题走访过程中，我们还采访到两对已经到民政部门办理结婚手续的夫妇，下面就来了解一下他们的情况。

2004 年 3 月的一天，时年 24 岁的曲水镇坝伞村大地组村民陈加万，来到老挝丰沙里省约乌县倒回龙买牛时认识了当地姑娘罗阿玲，双方一来二去，加深了感情。用陈加万的话说，他看中罗阿玲是因为她会做活计、会处人、会待老人。2007 年 5 月 10 日，两

人到江城县民政局登记结婚（江民政结［2007］字第144号），当年5月18日生下独子陈梦，现在在镇完小2年级念书。家里种有30亩橡胶，但还没开割，两口子便到别人的香蕉地打工，丈夫帮别人挑香蕉、锄地，妻子帮别人装香蕉，一年能挣两万多元。2014年12月11日，当我们前往他家走访的时候，罗阿玲去很远的地方锄橡胶地，没能见到她。

陈加万的邻居白文忠、李阿团夫妇，同样是一对跨国夫妻。李阿团是老挝约乌县马力头乡石膏河人，2008年6月，李阿团随小姐妹到中国曲水镇坝伞村大地村民小组串亲戚时认识了白文忠，会一口流利的汉语，勤脚快手、家里家外都是一把好手的李阿团很快被白文忠看中，双方于2009年4月14日到江城县民政局办理了结婚手续（江民政婚结［2009］字第146号），同年9月30日生下女儿白欣怡（现在县城小太阳幼稚园就读）。

他家现在种有35亩香蕉，并于2011年投资13万元建起了一间两百多平方米的两层砖混结构房，生活过得有滋有味。

白文忠和李阿团虽然在中国办理了结婚证，并且小孩都已经落户，但她们

白文忠和老挝媳妇李阿团

本人一直没能落户，这是为什么呢？因为外籍人员即使与中国公民结婚，但要办理落户手续必须先加入中国国籍，而能否加入，需由公安部审批。一般的涉外边民通婚，限于自身的文化水平、经济条件等因素，不可能将一整套复杂并有相当难度的手续办理完成，所以江城县441对涉外婚姻的外籍女性没有一人取得中国国籍。

四、问题多多路漫漫

外籍女性嫁入中国后难以落户，各种社会保障也就难以跟进，绝大多数以事实婚姻的状态出现，医疗、就业、养老等问题随时困扰着她们，同时在人口管理上也带来了相当的难度。目前公安机关对嫁入江城县的外籍女性，实行持有相关证明就可办理临时居留证，居留时间一般为一年，期满后可延期2次。之后还要再到本国开具出入境证明才能返回我国继续办理居留证。而许多外籍女性都没有办理相关手续，因为找到了夫家、生下了儿女，便过起了随意而安的日子。

严格说来，不少外籍女性跨越国门，走进一片陌生的天地，构建一个新的生活家园，确实需要付出相当的勇气。这种选择很多时候是无奈的，因为她们原来生活的地方贫穷、落后、偏僻，甚至食不果腹。虽然她们没有接受过多少正规教育，但人的内心深处，总向往着美味的食物、得体的衣服、良好的人居环境……而对于这些女性来说，改变命运的唯一办法，就是选择一个有一定经济基础的老公，在国内难以如愿，就只能跨出国门嫁作他人妇。一些做了外国姑爷的男人，生活水准也随着外籍配偶的介入有所降低，就像前面提到的宝藏镇的朱勇，他已经50岁，讨来的老挝媳妇已生育过10个子女，他自己则无儿无女，但鉴于经济条件和年龄问题，他也没有再要小孩的计划，生活过得比较清苦。

跨国婚姻家庭像朱勇家一样贫困的还有不少，他们的婚姻除了面对贫困，还可能面对国内和国外的孩子存在的一些潜在的矛盾和纠纷，处理中难以得到法律的保护，农村新型合作医疗、农村低保、计划生育奖励政策、义务教育、社会救助等一系列保障公民生存权利的优惠政策也难以落实到这些外籍妇女身上。

对于大多数人来说，婚姻是一次性的选择，既然选择了，其间的难题就需要国与国、政府与个人去积极地破解。但国有国法，家有家规，要找到一个令各方满意的答案，还需要我们不断地付出智慧。

没有爱情的婚姻可能走不长久，同样，没有法律保障的婚姻，注定要好事多磨。爱，没有国界，爱，可以融化一切。而对于选择了跨国婚姻的夫妇来说，他们想融化的，就是横亘于他们之间的国籍、贫困问题，而要解决这些问题，我们还有很长的路要走。

后记

一城连三国的地方——江城，因为与老挝、越南山水相依，凸显其边地色彩，因为绿意盎然、生物繁多，彰显其生态资源，因为25个民族风情摇曳，突显其民族特征。由此，神圣的国门文化，神奇的生态文化，神秘的民族文化，构成了江城文化的精神骨架。江城，因地域的偏远而神秘，因开发的滞后而纯净。写作《文化普洱·江城》正好可以揭开江城羞答答的面纱，一览其清澈透明、千娇百媚的万般风情。

构思《文化普洱·江城》时，我们极力想寻求一种新的突破，就是不拘泥于一山一景、一城一池，而是把江城的山水风物、人文景观放在一个大的框架内来审视，通过一条主线将零碎的内容串联成一个整体，然后再融入文化的元素，使人们在了解江城方方面面的同时，也能体验到阅读文字的快感。基于这种理念，也为了统一整部书的风格，我们大幅度压缩了文章篇目，只安排6名作者来完成整部书稿的撰写任务。领受任务后，6名作者每人承担2—3个选题，他们根据各自的选题，跋山涉水，调查取证，尽可能详实地收集各类资料。撰稿，修改，几经反复，终于写成4个板块11篇文章11万字的书稿，其中的几名作者还完成了200多幅插图中大部分图片的拍摄工作。

书稿的第一部分《在历史长河中瞭望》，对江城的前世今生、历史沿革进行了重新梳理，情景再现般地展示了至今在茶叶界仍余音绕梁的“敬昌号”“江城号”的辉煌历史；书稿的第二部分《在民族花海中流连》，通过介绍众多的民族节日、民族歌舞来让读者领略民族文化的瑰丽景致，民族地方的各种美食、各种独特的吃法，能让你享受到一席视觉盛宴；书稿的第三部分《在山川美景中行走》，则让你体验到山川密林间的陶然情趣、飞禽走兽的跳动音符、河流之外的哲学思想；《在游走三国中遐思》作为书稿的结尾部分，让你对国土的得与失有了进一步的感悟，而外国新娘嫁到中国来的故事，其中的酸甜苦辣，相信你会有一定的兴趣。

看了《让我的身体穿过你的山林》，你就已把江城几乎所有的山川走完，读了《刁嘴江城》，你几乎已把江城所有的美食吃遍。把同质化的内容集中在一起展示，既能分清彼此的特点，又能显示群体的力量和厚度。这对于我们是一种新的写作尝试，同时也期待着读者的评价。

编撰《文化普洱·江城》得到了江城县委、县政府的高度重视，县里及时召开会议，成立了编委会，安排了必要的经费，适时成立了写作班子。

参与编撰人员、摄影工作者、校稿人员等倾注了大量精力，付出了辛勤的努力，这里一并表示诚挚的谢意。

由于时间较紧，加之作者各自的文化和认知的差异，书中难免会有错漏之处，还望大家本着积极的态度，为该书提出建设性的意见和建议。

《文化普洱·江城》编委会